餐桌上
的旅行家

向義大利傳奇美味致敬

Italy

Alex Lu 著

推薦序

張美淡
中山大學光電系教授

原來
那就是
幸福的滋味

　　與桑卓主廚的店相遇，已是十多年前的事了。那時完成博士學位舉家從紐約返台沒幾年，兒子總是念念不忘紐約那家由義大利人開的披薩店，因那裡有著他孩童時期滿滿的回憶。初訪「桑卓主廚—地中海料理」，當主廚 Alex 端出熱騰騰的披薩，兒子一口咬下，眼睛不由得瞇了起來，泛起一抹淡淡的微笑。當時，我確實無法體會這表情背後的心情。

　　之後，多次造訪店裡，有時會碰到店門貼出告示，「店休三個月」，因老闆到義大利進修。我心想，哇！這麼瀟灑。在同業一片競爭態勢下，他竟然如此的瀟脫。

　　後來，跟老闆夫妻漸漸熟稔，我每年開始期待他們進修後的成果分享。主廚 Alex 總是神采奕奕地講述著種種考驗及艱辛，分享他找到流傳百年甚或更久的傳統手藝的喜悅，以及背後一段段雋永感人的故事。從中，我漸漸明白，不管廚藝、戲曲或藝術，流傳下來的，絕非偶然，必然蘊

藏著承傳永續的特殊意義，我想這就是傳統文化的價值吧！

記得有一年，殷殷久盼，終於盼到壯遊者的歸來，我迫不及待趕赴店裡，看到桑卓主廚正小心翼翼地處理著麵團，將其分成一小塊一小塊，再揉成粒粒珍珠。聽主廚說，當下作品，需再經歷 15~30 天的低溫煙燻烘烤，費工費時，才能成就一小碗的食材。我心想，不就是義大利麵，為什麼要如此費工夫呢？

那晚，當我品嚐了這份傳統美食，一股溫馨洋溢的暖流，不期然地在我心底輕漾，我沒看鏡子，但我想應該就如幾年前兒子第一次吃到桑卓主廚披薩的那種表情。

真心感動的片刻，食物已不僅僅是食物，而是一種雋永，一種記憶。我終於完全明白我兒子當時的心情，原來——那就是幸福的滋味。

我也終於明白，為什麼桑卓主廚店裡的客人，總是洋溢著幸福的微笑，而諸多鐵粉同好，竟都從鄰桌客人變成了好友。我由衷敬佩主廚 Alex，原來他每年定期店休遠赴國外，就是為了找尋傳統的滋味，把那即將失落的食譜保存下來，用自己的精湛廚藝及滿腔熱情，讓她再現於南台灣的一個角落。

　　我想，對很多桑卓主廚的熟客而言，這裡的一切，都是獨一無二的。不論男女老幼，來到「桑卓主廚地中海料理」，都能從箇中風味，品嘗到屬於自己的幸福，屬於自己的記憶。

　　而這種撞擊心靈的感覺，不禁讓我想起近年來，我回到了美國遊學之地，就在紐約林肯中心，觀賞以中華五千年傳統文化為底蘊的「神韻藝術團」演出，不論種族膚色，不分年齡身份，大家看著節目，一同歡笑，一同流下感動的眼淚。

　　我終於懂了，這就是傳統的力量，這就是文化的力量。感謝神韻！也感謝桑卓主廚！因為他們矢志傳承的熱誠，讓我明白了一些事，我明白自己也必須跟進接棒，對傳統的保存盡一份心力。

　　非常開心，桑卓主廚終於出書了！讓傳統的美食，能夠透過他精湛豐富的專業及閱歷，傳遞得更久遠，感動更多傳統價值的追求者。

推薦序

連昌記
前台中亞緻大飯店 總經理

我喜歡藉由旅遊尋找美食，品嘗每一道佳餚美酒；彷彿浸潤於在地的空氣陽光水中，體驗其民族文化與傳承、感歎其技藝與堅持的蘊涵，更因為美食搭起人與人之間冷漠的距離，真是無價亦是有情！

認識 Alex 已有三十年了，哇！都三十年囉！當年看似一位單純無知的年輕小夥伴，竟然會一頭栽進去義大利傳統料理的領域裡。又讓我再次驗證了「希望就在年輕人」的真理！

Alex 為了追求料理真諦，每年都前往歐洲取經。連我們最常接觸的羅馬培根義大利麵，他竟然能發現原來是不加鮮奶油的，她的乳香味是來自於羅馬綿羊起士。對早期台灣人而言，西餐概言之就是美式料理。我是 70 年代亞都麗緻 Paris 1930 法國廳的經理，經典的法式餐後點心 Sabayon, Macaroon，發現竟然是源自義大利，飲食方式及餐桌擺設等也來自義大利，對法國原有的飲食文化造成極大影響。受到義大利料理刺激的法國料理，到了路易十四世的時期，隨著中央集權的確立變得更加洗練，開始稱霸歐洲料理界，成為國際社交場合不可或缺的料理。

本書內容 Alex 發揮偵探尋根究底、尋找食材橄欖油的故鄉與原味，透過各式專業菜餚的完整詮釋。我非常激賞 Alex 如何專精於一件事、只做好一件事的態度。這是一本對有意精進義大利菜式製作的讀者，不可或缺的參考用書。

自序

Alex Lu
桑卓主廚·地中海料理
主廚 / 負責人

西班牙國際火腿評鑑師 (台灣第一位)
西班牙國際火腿侍肉師
義大利傳統起士製作工匠
國際高階專業橄欖油品油師
(2019 全球僅 28 位)
義大利傳統技藝披薩廚師
國際咖啡烘豆師
SOPEXA 高階法國葡萄酒專業學程
英國葡萄酒與烈酒教育基金會課程

小時候，大約五、六歲的年齡，家旁邊有一個荒棄的蓮霧園，蓮霧園裡面有一條灌溉用的大水溝貫穿其間，我們很喜歡提著空酒瓶到大水溝取水，然後在園中尋找蟋蟀的小洞穴，玩起灌蟋蟀；也會在園中玩打彈珠、射橡皮筋的遊戲。那時候，荒棄的蓮霧園就是我的兒童樂園，有時候玩累了回到家，父母常常因為忙於工作還沒到家，如果家裡只有我一個人的時候，我就會開心的到廚房把一些隔夜的剩菜剩飯一起放到熱鍋中拌一拌，加點醬油，做成炒飯。現在回想起來，已經忘記當下的味道了，只記那時候很喜歡往廚房跑，但是年紀還小，總是礙事，常常會被大人趕出廚房，所以小時候很珍惜，也很喜歡自己一個人在廚房炒飯的時光。

到了小學一年級的時候，我記得大姊教我一種很簡易的小點心，用麵粉加上砂糖，然後和水拌一拌形成麵團，再用米酒瓶將麵團擀成薄薄的一片，再用小火慢慢煎脆，使外表形成一層焦糖化的脆皮。對於那時的我，這就是一道非常美味的點心，小時候總以

為每個人都和我一樣,喜歡做這種糖加麵粉的簡易小餅乾,到後來才知道,好像很少人在小時候做過這樣的事情。

那時候的我,也很喜歡土窯烤地瓜,所以總是盼著媽媽沒有時間煮早餐,這樣我就可以將買早餐的錢儲存起來,等到假日的時候,就有錢去市場買地瓜烃土窯了。有時候市場的阿姨,可能看我年紀小,還不討人厭,所以常常會多塞一根地瓜給我,那時候的我,經常會為了那根小小的地瓜,開心一整個下午。

15 歲那年,為了賺取自己的零用錢,開始踏入餐飲業這一行,也開啟了我的「餐飲人生」。

這幾年來,很感謝餐廳的朋友和長輩們的照顧,因為有您們的支持,才能讓我率性帶點任性,每年有 3 個月的時間,在歐洲學習當地傳統料理,並隨著美食和歐洲傳奇食材的腳印,雲遊歐洲各國。

想起我剛進入餐飲業的時候,那時沒有網路,資訊並不發達,想要取得歐洲料理的專業知識並不容易,通常只能依靠上司的教育,以及少數的國外專業原文書。當時的餐飲業教育,大部分是口傳心授,所以有許多錯誤的認識並不自知。就像是義大利經典料理,羅馬豬頸培根義大利麵 Spaghetti alla Carbonara,這道料理在現今台灣的義大利餐廳非常普遍,但是絕大部分都是美式版本而不是真正的義大利版本,在台灣一般餐廳常會以鮮奶油和美式培根,來料理羅馬豬頸培根義大利麵,這和真正的義大利羅馬版本,

有著很大的差距。而我大約在 10 年前，才真正的認識到羅馬豬頸培根義大利麵是完全不加鮮奶油的，它的乳香味是來自於羅馬綿羊起士；它的肉質焦香則是來自於義大利豬頸培根。記得第一次品嘗真正傳統的羅馬豬頸培根義大利麵時，還自以為是，覺得對方是老派的傳統義大利南方人，竟然不知道如何料理這道義大利經典，到了後來，才發現原來當時所品嘗的，才是真正的羅馬豬頸培根義大利麵，而那時所認識的版本，其實是錯誤的版本，現在回想起來真是慚愧。

經過這麼多年，現在資訊的傳達有比較正確嗎？其實並沒有，反而因為網路的發達，資訊的爆炸和混亂，真真假假的訊息，同時在網路上、報章雜誌上大量出現，現在想要尋得正確的資訊反而更為撲朔迷離。

例如，一般人對於橄欖油的燃煙點，有著嚴重的誤解，網路上的訊息、報章雜誌的資料，都有許多爭論和彼此矛盾的地方。許多資訊都顯示橄欖油不能煎、煮、炒、炸；但是如果到橄欖油的家鄉義大利，你會發現，整個義大利從南到北，除了少數北方幾個地區外，幾乎每個地區都有生產橄欖油，而且他們非常喜歡使用橄欖油，尤其是義大利南方，橄欖油可以說是他們的生命之水，對於他們來說，橄欖油不僅僅可以拿來煎、煮、炒、炸，橄欖油還是他們的調味劑，他們還很熱愛用橄欖油來炸海鮮。

為了分辨資訊的真假和探索真正的橄欖油專業知識，我來到義大利國家所成立的橄欖油研究機構，學習真正的橄欖油知

識，並取得高階國際橄欖油品油師的頭銜，如今對於橄欖油的相關訊息，我有一套專業的見解，並不會隨著人們人云亦云；其實橄欖油很適合煎、煮、炒、炸，不管是歐盟，還是聯合國的研究，或是自然期刊的論文，都表示橄欖油的平均燃煙點介於 207～210°C，由此可見橄欖油非常適合煎、煮、炒、炸。

如今；諸如此類的錯誤訊息，依然滿天飛舞，這也是為什麼，我們每年要到歐洲的食材原始產地和官方機構，學習真正的專業知識的原因所在。

這本書是我將部分在歐洲的所見所聞，以較為輕鬆的方式記錄下來，並穿插部分的專業知識，希望讓非餐飲專業人士，可以用比較輕鬆的方式，認識這些歐洲的傳奇食材。

更盼望接觸到這本書的有緣者，尤其是專業的餐飲從業人員，能夠減少對於一些專業知識的誤解，破除一些錯誤的觀念，讓年輕廚師在剛入門時，就能得到正確的訊息與知識。

走過了 30 幾年的餐飲歲月，一路走來，道路總有崎嶇和不平，感謝老天給予的信仰，讓我內心擁有力量闖過每一次的考驗和熔煉。也感謝許多人無私地給予幫助、呵護，不管是一路相挺的客人、朋友和長輩們，還是一直在背後默默支持我的呂太太，因為有您們以及老天爺的眷顧，讓我們一路走來，除了挫折之外，總能在轉角處遇見驚喜，感謝您們！

Alex 2021,1,1

了解
歐洲傳奇食材
先認識
歐盟食品
保護管制法

如果你對於歐洲的食材、葡萄酒非常感興趣，也喜歡閱讀和觀看有關歐洲食材的報導和影片，那麼你一定常常看到 DOP、IGP、STG、POD、PGI、TSG、IGT、AOC、AOP、DOC、DO 這些專有名詞；如果你到高級的歐洲食材專賣店逛一圈，也會常常看到這些專有名詞出現在頂級食材的標籤上；如果你喜歡品嘗歐洲的傳奇食材，卻被這些專有名詞搞得暈頭轉向的話；如果你購買歐洲食材只是憑感覺和運氣的話，那就別放棄了解這些看似複雜，其實並不困難的歐盟食品保護管制法。

歐盟為了保護成員國高品質的傳統食材和農產品，承傳這些傳統技藝，避免被不當廠商以低劣品仿製，還有幫助消費者識別這些高品質的產品，成立了三種食品保護管制法。

1. 原產地名稱保護法
Denominazione di Origine Protetta(DOP)，
英文名稱為 Protected Designation of Origin (PDO)。

 2. 地理標示保護法
Indicazione Geografica Protetta(IGP)，
英文名稱為 Protected Geographical Indication (PGI)。

 3. 傳統特色保護法
Specialità Tradizionale Garantita(STG)，
英文名稱為 Traditional Specialities Guaranteed (TSG)。

　　DOP 和 IGP 都是管制地理位置，相較之下 DOP 較為嚴謹，除了管制食物在哪一個地理位置生產外，也管制食物的原料在哪一個地區生產，以及品種、種植方式、養殖方法。IGP 則較為鬆散，只管制食物在哪一個地理位置生產，對於生產原料的來源，以及品種、種植方式、養殖方法，通常沒有規定。

　　STG 只管制作法，不管制地理位置，所以在台灣只要依照歐盟法規也可以生產 STG 的產品。

一、原產地名稱保護法
Denominazione di Origine Protetta(DOP)：

　　這是歐盟三種食品保護管制法的最高等級，法規管制較多和嚴謹，價格當然也高出許多。

　　「原產地名稱」是指在一個特定的地方，所生產的特殊產品，而這個特殊的產品名稱，只能在特有的地理環境、人為生產方式和使用特定食材的情況下，才能以這個特殊產品的名稱行銷和販賣。

　　簡單的說；DOP 等級的產品，必須在「特定地區」，以「特有的方式進行生產」和「包裝」，所使用的食材必須「來自特定的品種、特定的地區和符合特定的生產方式」。

　　下面以義大利香醋 Balsamico 為例，它是少數同時擁有 DOP 和 IGP 兩種認證的食材，以 Balsamico 為例，更容易發現 DOP 和 IGP 兩者法規的不同。

　　以下為 DOP 等級的義大利傳統釀造香醋（Aceto Balsamico Tradizionale di Modena DOP）主要的法規：

1. 特定地區：必須在摩典娜和瑞吉艾米利亞這兩個地區生產和包裝。

2. 特有的方式進行生產：必須在不同尺寸的木桶中熟陳，而且最少要在木桶自然熟陳 12 年以上，不能使用任何工具幫助熟陳，例如：使用機器加熱。熟陳用的木桶也必須使用橡木、杜松子木、櫻桃木、桑葚木、栗子木和蘋果木等木。

3. 特有的包裝：通過認證的義大利傳統釀造香醋 Aceto Balsamico Tradizionale di Modena DOP，不能自己裝瓶，必須由義大利傳統釀造香醋公會 Consorzio Tutela Aceto

Balsamico Tradizionale di Modena 將香醋裝入 100 ml 的專利玻璃瓶中，這是一個上方圓型，下方方型的玻璃瓶。

4. 食材必須來自特定的品種、特定的地區和特定的生產方式：只能以葡萄為原料，不能有任何食品添加劑，而且必須使用以下的葡萄品種生產：Lambrusco、Sangiovese、Trebbiano、Albana、Ancellotta、Fortana、Montuni，所使用的葡萄必須來自摩典娜和瑞吉艾米利亞這兩個地區，葡萄的種植產量，每公頃必低於 16,000 公升，而且產量必須達到 70% 以上。

　　舉個假設的例子，如果新竹貢丸被列入 DOP 等級，那麼它的原產地名稱可能就是「新竹貢丸 DOP」，它的法規可能是：

1. 特定地區：只能在新竹生產和包裝的新竹貢丸，不能在高雄、台北或其他任何縣市生產和包裝。

2. 特有的方式進行生產：只能以手工拍打，產生 Q 彈口感，不能以機器或添加食品添加劑產生 Q 彈口感。

3. 特有的包裝：通過認證的新竹貢丸，不能自己包裝，必須由新竹貢丸公會將貢丸裝入專利的布織袋中。

4. 食材必須來自特定的品種、特定的地區和特定的生產方式：使用的豬肉必須來自新竹的黑豬，而且黑豬必須以優格和穀類飼養長大。

二、地理標示保護法 Indicazione Geografica Protetta(IGP)：

　　和 DOP 相比，IGP 的法規管制較少也更鬆散，價格當然便宜許多。

　　「地理標示」的生產過程，至少一個階段必須在「特定區域進行」，生產的產品「必須遵守法規進行生產」但和 DOP 相比法規相對鬆散許多，IGP 所「使用的食材，不一定要來自特定的區域和品種」，也「沒有規定這些食材，如何生產、養殖和種植」。

　　下面以義大利香醋 Balsamico 為例，義大利香醋 Aceto Balsamico di Modena IGP 主要的法規，可以明顯看出和 DOP 相較，法規管制較寬鬆：

1. 特定區域：必須在摩典娜和瑞吉艾米利亞這兩個地區生產和包裝。

2. 特有的方式進行生產：必須在木桶中熟陳 60 天以上（DOP 則需自然熟陳 12 年以上）。

3. 對食材品種、地區、生產方式規範：以葡萄為原料製作，可以添加焦糖，加強顏色（DOP 則不能有任何食品添加劑）。葡萄的產地並沒有限制，不需要來自特定地區。沒有限制葡萄要如何生產、種植。

三、傳統特色保護法 Specialità Tradizionale Garantita(STG)：

　　STG 是保護具有特殊性的傳統料理和食材的保護制度，與 DOP 和 IGP 最大的不同是，只有管制製作方式，但是不管制地理位置。

　　例如，傳統式那不勒斯披薩 Pizza Napoletana STG，雖然發源地在拿坡里，但是只要製作方式符合 STG 的法規，在世界各地都可以製作「傳統式那不勒斯披薩 STG」，例如，在台灣我們也可以製作傳統式那不勒斯披薩 STG，所以在台灣的特色披薩專賣店，有些也會標榜專賣「傳統式那不勒斯披薩 STG」。

　　在歐盟除了擁有 DOP、IGP、STG 的法規外，各個國家通常也擁有自己國家的食品法規，而這些法規有些是等同的，生產者可以選擇標示哪一種法規。例如；法國的 AOC 和 AOP 是同樣的法規，他們也等同於歐盟的 DOP，所以生產者可以選擇標示 AOC 或 AOP 或是 DOP。

　　西班牙的 DOC 等同於歐盟的 DOP，葡萄牙的 DO 等同於歐盟的 DOP，因此了解歐盟的食品法規就大致了解歐盟所有成員國的食品法規了。

　　截至 2020/12/31，整個歐盟註冊的 DOP 等級的食品，不包括酒精飲料有 659 個，而義大利是歐盟註冊最多食品 DOP 等級的國家，有 172 個，其次是法國 107 個和西班牙 103 個，由此可知，為什麼想要認識歐洲的傳奇食材，就要從義大利的傳奇開始了。

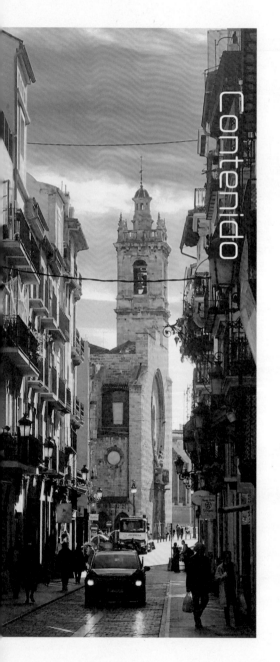

Contenido

1. 葡萄酒

2. 醋

3. 咖啡

Trentino-Alto Adige

Lombardia

Valle d'Aosta

Friuli-Venezia Giulia

Veneto

Piemonte

Emilia Romagna

Barolo
Barolo, Piemonte

Liguria

Marche

Toscano

Umbria

Abruzzo

Molise

Lazio

Puglia

Campania

Basilicata

Sardegna

Sicilia

Calabria

1.

葡萄酒

開瓶 哪一瓶葡萄酒最好喝？

義大利酒王 巴羅洛的成王之路

哪一瓶酒
是世界上最好喝的
葡萄酒？

開瓶
哪一瓶葡萄酒最好喝？

Tra paesaggi incantati e vini eccezionali

在葡萄酒的世界中，價格高低有著非常巨大的差別，可以是一瓶要價 100 多塊新台幣的廉價酒；也可以是在拍賣會上，以一瓶 1800 多萬新台幣賣出的奢華頂級葡萄酒，這樣巨大的差異，難道越貴的葡萄酒，真的就越好喝嗎？

記得以前在飯店訓練員工葡萄酒的課程時，有個問題總是被提起，那就是「到底哪一瓶酒，是世界上最好喝的葡萄酒？」直到現在，這個問題還是經常被問起；說實在的，這也是我剛進入葡萄酒世界時最想知道的一個答案。

記得在多年前的臺灣，在那個沒有網路，葡萄酒資訊相對非常貧瘠的年代，在市面上想要找到一本專業的中文葡萄酒書，幾乎不可能。只能透過進口商買些進口的原文葡萄酒書，好不容易買來了原文葡萄酒書，還要費九牛二虎之力閱讀。那時的原文葡萄酒書，對於當時的我有如天書一般，因為有太多的葡萄酒專有名詞一般字典

葡萄酒的世界
有無限可能
或許下一瓶會更好

義大利葡萄酒后
巴巴瑞斯科 (Barbaresco)

是查找不到的，在當時的時空背景下，想要學習葡萄酒相關知識，真的要非常有耐心和毅力。

「到底哪一瓶酒是世界上最好喝的葡萄酒？」這個問題一直在我腦袋中懸吊著，直到在一家百貨公司購買到哈珀·柯林斯 (Harper Collins)，於 1991 年出版的葡萄酒專用字典後，我才開始對葡萄酒有更深入的認識，也慢慢解開了「到底哪一瓶葡萄酒最好喝」的謎底。

不過在解開「到底哪一瓶酒是世界上最好喝的葡萄酒」答案之前，我先來一段小故事。話說多年前，那時還在瑞士讀書，在回國之前省吃儉用地儲存零用錢，所以見到美食時要吞吞口水，然後裝作沒事後靜悄悄地離開；本來計畫好要去的風景區，也只能看看風景明信片，過過乾癮，這一切的努力只為了能買幾瓶頂級酒廠的陳年葡萄酒帶回臺灣。其中兩瓶是一對，來自義大利知名葡萄酒莊園喀雅 (Gaja) 酒莊的義大利葡萄酒王巴羅洛 (Barolo) 和義大利葡萄酒后巴巴瑞斯科 (Barbaresco)（巴羅洛曾經是義大利皇家御用酒的產區，有 King of the wine and wine for Kings 之稱，是義大利頂極葡萄酒的代名詞）。

法國
勃根地
羅曼尼康帝酒莊
葡萄園

這個葡萄園
也是生產世界上
最尊貴的葡萄酒
的地方

　　學業結束後，非常興奮的將葡萄酒捧回臺灣，和當時女朋友的父親（現在的岳父）閒聊之餘，不知何故談到葡萄酒，也不知為何我竟然脫口說出要將那瓶巴羅洛送給他老人家，話一說完我馬上就後悔了。雖然喀雅酒莊的巴羅洛和其他頂級的法國勃根地葡萄酒相比，並不算貴，但是我知道老丈人喝葡萄酒總是加 7up 七喜汽水一起喝的，如果是那種喝法，我覺得 5 塊美金一瓶的葡萄酒就非常適合了，根本不需要如此等級的葡萄酒。

　　不過話已經說出口，也只好認了，在萬般不捨之下還是將巴羅洛送給岳父了；並教岳父如何飲用葡萄酒，還特別叮嚀不能加冰塊和汽水一起飲用，這樣會掩蓋葡萄酒真正美好的風味，而且溫度太低會使葡萄酒的香味無法揮發出來。最重要的是，如果缺少酒伴時記得要找我，雖然知道岳父喜歡在晚餐時獨自小酌，不過我還是非常希望能分享到一杯喀雅的巴羅洛。

　　過了許多年後，有一天岳父突然告訴我說，前幾天總算將我送給他的巴羅洛開瓶喝完了，我隨口問一下巴羅洛的口感。他老人家說，剛開始他覺得很澀，很難喝，所以他就加了冰塊，味道有好一點，但是還是不夠順口，後來又加了七喜汽水一起喝，果然好喝許多，不過他覺得加蘋果西打汽水是最好喝的，還告訴我下一次我可以試

可以輕鬆入門的
綠色瓶身
Mosel 葡萄酒

試看。聽完這段話後,我只能微笑以對,雖然結果和預料是一樣的,心中仍然覺得有些惋惜。

對於飲食來說,每一個人在品嚐食物時通常是非常主觀的,喜好也會完全不同,有人喜歡甜的,有人喜歡辣的,而有些人卻喜歡酸的。同樣一杯飲料,對於你來說或許已經非常地甜,甜到令人發膩,但對另外一人來說,或許還不夠甜,甚至會覺得如白開水一般平淡。

對於現今的我來說,如果要回答「到底哪一瓶酒是世界上最好喝的葡萄酒」的問題,我會回答;最適合自己品味的葡萄酒就是專屬自己的最好喝的葡萄酒。因為每個人的喜愛不同,而且喜歡的風味通常會隨著歲月的增長有所不同;還有葡萄酒專家們口中最好喝的葡萄酒,並不一定就是大家都喜歡的風味。就像拿一瓶上好年份的羅曼尼康帝酒莊 (Romanée-Conti) 的葡萄酒(被喻為世界上最為尊貴的葡萄酒)和一杯加了 7up 七喜汽水的廉價葡萄酒讓我的老丈人選擇,儘管它們兩者價差有幾百倍到幾千倍,不過我想他的選擇一定還是後者吧!

　　如果您還是不知道哪一瓶葡萄酒最適合自己的品味，又不想在剛入門時就被青澀又咬口的單寧嚇跑，那麼我的建議是可以從非常平易近人的德國白葡萄酒開始入門，像是摩澤爾 (Mosel) 產區中的 Kabinett(正常採收) 或 Spatlese(晚摘) 的白葡萄酒，這類德國白葡萄酒；通常是價格不高、酒精度低、果香濃郁、甜中帶酸，而且裝瓶上市時大都已達適飲，是大部分人都能容易接受的風味。

　　如果您不知道如何挑選以上我為您介紹的葡萄酒，不用擔心，您只要到量販店尋找德國葡萄酒，酒標上有 Spatlese 或 Kabinett 這兩個單字，但是沒有 Trocken 這個字體，就可以安心帶回家了。

　　請記得葡萄酒的世界是千變萬化的，如果您已經開始喜歡上葡萄酒了，別忘了多試試其他酒廠和產區的葡萄酒，因為葡萄酒的世界帶有無限可能，或許下一瓶葡萄酒會更好。別忘了，適量的小酌葡萄酒是一種享受也是一種浪漫，但喝多了可是有害身體的喔！

作者註解

Trocken 在德國葡萄酒的世界中，是代表不甜的葡萄酒，如果想尋找酸甜的德國酒，酒標上就不能有 Trocken 這個單字。

巴羅洛 (Barolo)
義大利葡萄酒產區
巴羅洛
不只是指巴羅洛
這一個單一村莊
其實總共
涵蓋十一個村莊

義大利酒王
巴羅洛的成王之路

Il re del vino

　　最近幾年，幾乎每年都會到義大利的巴羅洛 (Barolo) 和阿爾巴 (Alba) 參訪。每年到阿爾巴是為了餐桌上的白鑽料理「Alba 白松露料理」，到巴羅洛當然是為了義大利酒王巴羅洛而去。

　　皮埃蒙特 (Piemonte) 是義大利西北方的一個大區，是義大利著名的葡萄酒產區，不但是酒王巴羅洛 (Barolo) 及酒后巴巴瑞斯科 (Barbaresco) 的產地，其中的阿爾巴市還盛產稀有美味的白松露。

　　記得多年前第一次到巴羅洛，是當地朋友開車載我們從都靈 (Torino) 出發到巴羅洛。離開都靈市區後，霧氣漸漸變得越來越厚重，有些路段能見度非常低，大概只有 3 到 5 公尺，加上有些路面結霜，因此車速非常緩慢，時速大約只有 20 到 30 公里，沿途有些人會一邊開車，一邊輕鳴著喇叭，警告著周遭的人，有車要經過。

巴羅洛葡萄酒產區
總共涵蓋 11 個村莊
Barolo
Castiglione Falletto
Serralunga d'Alba
Cherasco
Diano d'Alba
Grinzane Cavour
La Morra
Monforte d'Alba
Novello
Roddi
Verduno

到了中午濃霧還是遲遲不退，我隨口問了當地朋友，「這個地區的氣候一直都是如此嗎？還是今天是個例外？」她的回答是：「每年秋天到早冬，濃霧在這個地區是一個特色，幾乎整個皮埃蒙特大區的郊區都是如此。」

她則接著問我，知道內比歐洛 (Nebbiolo) 葡萄品種的名稱由來嗎？「當然知道啊！Nebbiolo 是從義大利文的 Nebbia 延伸而來的，而 Nebbia 是指霧氣的意思」，但是從來就沒想過這裡的霧氣會是如此濃厚，直到身歷其境，才能真正感受到這個濃霧的威力；想想，這個造就義大利酒王和酒后的葡萄品種名稱，也直接的反應著當地的氣候和風土條件。

巴羅洛葡萄酒產區總共涵蓋 11 個村莊，除了 Barolo 本身外，還有 Castiglione Falletto, Serralunga d'Alba, Cherasco, Diano d'Alba, Grinzane Cavour, La Morra, Monforte d'Alba, Novello, Roddi and Verduno。其中最具代表性的村莊為 Barolo, La Morra 和 Castiglione Falletto, Serralunga d'Alba, Monforte d'Alba 這 5 個村莊。

而 Barolo 和 La Morra 通常可以釀出口感較為柔和，更具果香味的巴羅洛。Castiglione Falletto, Serralunga d'Alba, 和 Monforte d'Alba 這 3 個村莊，則可以釀出單寧更為緊實厚重，也更適合長時間熟陳的巴羅洛。

依我個人的感受，Serralunga d'Alba 是最能表現出傳統巴羅洛風味的村莊，如果想體驗甚麼是酒王的傳統風味，來自 Serralunga d'Alba 的巴羅洛是不可輕易錯過的選擇。

對酒王巴羅洛不熟悉的人，通常很容易被巴羅洛的酒色所蒙蔽，巴羅洛的顏色較淺，很容易讓不熟悉巴羅洛風格的人，誤認巴羅洛是一款輕鬆易飲，低單寧的葡萄酒。

巴羅洛必須使用 100% 的內比歐洛葡萄釀造，它也是使用內比歐洛葡萄品種釀酒最知名的產區，巴羅洛一直以來素有葡萄酒之王的美稱「The king of wine, the wine of kings」。內比歐洛的果皮顏色較淡；但厚重，單寧強勁、果酸高，加上傳統的巴羅洛釀酒方式，以大木桶長時間浸皮發酵，加上以大木桶熟陳，讓傳統的巴羅洛非常適合久藏。

對於傳統釀造的巴羅洛來說，瓶中熟陳二、三十年是很輕易達到的事，而熟陳時間可以達到四、五十年也不算少見，因此在「桑卓主廚」的酒單中也有不少 60 年代的巴羅洛。

記得巴羅洛當地朋友告訴我，在五、六十年代時，她爺爺告訴她，有錢的時候，記得趕快去買巴羅洛儲存起來，這樣二、三十年後，有甚麼特別值得慶祝的事，就有適飲的巴羅洛可以喝了。

在當地也有一個傳統，會在小孩出生的時候，買一批巴羅洛儲存，然後等小孩長大結婚時，就有完全熟陳適飲的巴羅洛可以慶祝飲用；或者若要表達對一個人的最高敬意和感謝時，送上一瓶熟陳的老巴羅洛，最能讓收禮的人感受到誠意，如此不難想像，巴羅洛在當地人心目中舉足輕重的地位了。

皮埃蒙特
(Piemonte)
的郊區
是孕育
霧之葡萄 Nebbiolo
最重要的產區

巴羅洛的
三波浪潮

在臺灣，提起咖啡界的三波浪潮，許多人都可以侃侃而談；但是提到義大利葡萄酒王巴羅洛的三次改革浪潮，大部分的人可能會感到非常陌生。

這三波浪潮就像是在不同時期的加冕儀式，除了品質的提升，也更加確立義大利葡萄酒王的地位；當然這三次的改革浪潮也從巴羅洛地區向外延伸至整個義大利，並改變著義大利的釀酒文化。

第一波浪潮的時間大約是西元 1800 年初，主要推手是 1785 年出生在法國的貴族朱麗 (Juliette Colbert)，她在成年後嫁給義大利侯爵巴羅洛 (Barolo)，並改名為朱麗葉 (Giulia di Barolo)。

當時的巴羅洛所產的葡萄酒已經開始使用內比歐洛這種葡萄品種，釀製一種名為 Nebiulin 的葡萄酒（現在傳統的當地人也稱 Langhe Nebbiolo DOC 為 Nebiulin），這種粗製農用葡萄酒，只經過短時間熟陳或者完全不熟陳，是一種甜味並帶有氣體的葡萄酒，對於已經喝慣細緻風味法國葡萄酒的朱麗葉來說，非常難以接受這種粗糙、沒有層次的義大利酒。

於是朱麗葉開始一連串的義大利葡萄酒改革

巴羅洛傳統釀造　巴羅洛現代釀法
用大型橡木桶熟陳　以 228 公升
照片中是　勃根地橡木桶
8,000 公升　桶中熟陳
的橡木桶

計畫，剛開始，她從法國勃根地 (Bourgogne) 引進新的釀酒技術；這也是巴羅洛從甜而有氣，到現在的不甜不帶氣體（巴羅洛現在也有少數的甜酒，稱為 Barolo Chinato）的成王之路。

第二波浪潮於 70、80 年代出現，主要的推手是酒莊莊主兼釀酒師的亞力歐‧亞塔瑞 (Elio Altare)，他在第一波浪潮後的 100 多年，再次將法國勃根地的釀酒技術導入巴羅洛，其中最主要是縮短葡萄浸皮發酵的時間，和使用小型的法國橡木桶熟陳，這種新式作法，使巴羅洛更容易飲用，單寧更為柔和，上市後經過幾年的瓶中陳年就可以飲用；如此讓巴羅洛更貼近國際市場，也讓酒莊的資金周轉時間更為短暫而靈活，同時讓巴羅洛的愛好者縮短等待美酒的時間（這也是老派巴羅洛愛好者最大的不滿之一，他們認為如此會降低巴羅洛老酒的珍貴性，現在看來也確實是如此），新派巴羅洛的這兩樣做法和巴羅洛的傳統釀法有著南轅北轍的不同，也導致當時的巴羅洛有著「新舊派之爭」。

起初的一、二十年，新舊兩派爭論得非常激烈，做法也涇渭分明，彼此完全不認同彼此，老派無法理解新派為何要背離傳統，而新派則無法理解舊派，為何要死守傳統背離國際市場。

傳統舊派的代表性酒莊
Giuseppe Mascarello
以非常嚴謹的態度
釀製傳統風格的巴羅洛
是許多愛好
傳統巴羅洛風格
的第一首選

1960 年代的老酒
在 70 年代以前
巴羅洛通常要儲放 20 年以上
才達到適飲
儲放 50 至 60 年的酒
在以往並不少見

　　經過數十年的磨合和變更，新舊之爭已經不那麼明顯了；現在有許多巴羅洛釀酒廠，將兩種釀酒技術融合在一起，釀出更新一代的巴羅洛，也有許多釀酒廠生產出各種不同風格的巴羅洛，讓巴羅洛的風格更為多樣化。

　　第三波浪潮則是十幾年前慢慢形成，如今的巴羅洛，已經傾向勃根地的單一葡萄園的釀酒風格，更加強調每一個葡萄園的風土條件和風格，這和傳統混合多個葡萄園的傳統釀酒方式又有所不同。

　　從這三波浪潮都可以看到法國勃根地對義大利酒王巴羅洛的深遠影響，這也是為什麼，許多葡萄酒愛好者認為巴羅洛是「義大利的勃根地」的原因。

Trentino-Alto Adige

Lombardia

Valle d'Aosta

Friuli-Venezia Giulia

Veneto

Piemonte

Balsamico

Emilia Romagna

Modena,
Emilia Romagna

Liguria

Toscano

Marche

Umbria

Abruzzo

Molise

Lazio

Puglia

Sardegna

Campania

Basilicata

Sicilia

Calabria

醋

新娘的眼淚
千年傳統的美味香醋

義大利傳統香醋
跨越千年的珍貴文化

摩典娜的女兒
從小家人就會釀一組醋
作為嫁妝
帶到夫家
因此義大利香醋
又稱為新娘的眼淚

新娘的眼淚
千年傳統的美味香醋

Lacrime di sposa

　　義大利香醋 (Balsamico) 大概是臺灣人最熟悉的義大利頂級食材之一。工業化的香醋和遵照傳統工序釀造的傳統香醋，不管在風味上、材料上、人力上、工序上都有天壤之別，當然這些差別，也會直接反映在價格上。

　　依據歐盟的法規，義大利傳統釀造香醋在釀製熟陳的過程中，應置放於 5 種不同的木桶中，有櫻桃木、栗子木、桑葚木、杜松子木、橡木，經過不同木桶的熟陳後，造就出多層次的風味。

有千年傳統的陳釀香醋
非常珍貴
為了防止一次倒出的量過多
所以有特別設計的
專用玻璃瓶嘴
裝在義大利香醋瓶口上

義大利閣樓傳奇
傳統釀造香醋醋窖

在古老的歐洲，一瓶頂級的陳釀香醋象徵著家族的身分和地位，當時的摩典娜 (Modena) 小鎮，如果家中有小孩出生，幾乎都會在閣樓幫小孩釀一組醋，等小孩長大後，結婚時，就會拿出陳釀香醋宴請客人。如果生的是女孩，就會多釀一組醋作為嫁妝，因為當時摩典娜的新娘，都會流著眼淚，帶著陳釀香醋嫁到夫家，所以在摩典娜也稱義大利香醋為「新娘的眼淚」。

對這些新娘來說，不只是醋珍貴，連醋桶都是非常寶貴的嫁妝，這也是為什麼現今醋廠的主人，大部分是女主人的原因。

剛踏入餐飲圈時，接觸的義大利香醋都是品質低劣的工業化香醋，我在歐洲學習廚藝時，同學告訴我頂級香醋搭配香草冰淇淋，非常美味而夢幻。剛開始我還半信半疑，「醋的發酵味和酸度，怎麼可能和甜味的冰淇淋搭一起；而且醋不都是用來料理煮菜用的嗎？！」

在一個風和日麗的日子，歐洲同學說要請我品嘗一道我沒見過，但是非常簡單、非常美味、非常特別的甜點。他拿出冰淇淋放在餐桌上，很普通的冰淇淋，一點也不特別呀。我同學洋洋得意、小心翼翼地從一個木盒裡取出一瓶外表包裝很有質感的玻璃瓶，裡面透著黑色液體，他要我小心的搖晃一下下，不要太粗魯，我漫不經心地

義大利傳統香醋
搭配無花果

義大利傳統香醋
搭配嫩煎干貝

義大利傳統香醋
搭配馬斯卡彭起士
(Mascarpone)
和果醬

搖晃一下，發現裡面的液體非常濃稠，隨口問我同學，「這是甚麼？糖漿嗎？」

看了一下標籤，發現是義大利香醋，我很疑惑的問同學：「這是義大利香醋？不會吧？」怎麼這麼濃稠，和我之前看到稀稀水水的義大利香醋有很大的不同。

我同學接著拿出一個很特別的玻璃瓶嘴，裝在義大利香醋的瓶上，然後開始將義大利香醋小心翼翼的倒在香草冰淇淋上，之後推到面前要我品嘗，我帶著滿臉疑惑，小心謹慎的品嘗了一小口，心中深怕被醋嗆到，但是入口後，我馬上喊著，「這不是真的吧？這怎麼可能是義大利香醋？」同學則很得意的拼命點頭，我口中帶有濃郁的桑甚、櫻桃、梅子、木桶的香氣，以及滑順的酸甜口感，加上冰淇淋的甜度，讓整個口感變的非常平衡，甜而不膩，但風味的層次卻非常豐富，這真的是我沒見過，但是非常簡單、非常美味、非常特別的甜點。

同學總算很得意的開口，「這是真正的義大利傳統香醋」，我之前品嘗的義大利香醋應該都是工業化的義大利香醋，兩者品質簡直天差地別。

自從品嘗過冰淇淋加義大利傳統香醋之後，我才開始慢慢真正的認識義大利傳統香醋的美味。

義大利傳統香醋，幾乎可說是百搭的歐洲傳奇食材，從麵包、各種起士、沙拉、烤蔬菜、義大利麵、魚、干貝、海鮮和豬、雞、牛、羊、鴨等各種肉類；夏天涼拌義大利麵、搭配各式甜點和水果；拌優格也很受義大利小朋友的歡迎，對於香醋原產地的人們來說，搭配帕米加諾起士和香草冰淇淋、草莓冰淇淋絕對是當地的經典吃法。

百年醋
歷經 100 年
的歲月釀造
淬鍊出
義大利傳統釀造香醋
兼具風味
與文化的傳統底蘊

義大利傳統香醋
跨越千年的珍貴文化

La leggenda della mansarda della nonna

多年來，幾乎每年都會拜訪義大利傳統釀造香醋的故鄉，那是位於義大利北方的摩典娜小鎮，我們曾經向許多傳統醋廠學習和參訪（西元 2019 年，合法釀造的義大利傳統釀造香醋 Aceto Balsamico Tradizionale di Modena DOP 只剩 29 家），過程中，許多傳統香醋的從業人員都會告訴我們類似的話，他們現在保留的，不僅僅是香醋，而是歷代相傳，跨越一千多年的珍貴文化。

記得有一位醋廠主人曾經對我們說，DOP 等級的義大利傳統香醋的釀造方法，費時費工、管制繁雜、利潤又薄，所以在摩典娜小鎮已經越來越少人以傳統技法釀製義大利香醋了。在古老的年代，家家戶戶都釀製義大利傳統香醋，但是目前只剩 29 家以 DOP 的法規釀造傳統義大利香醋。而工業化的香醋卻越來越蓬勃發展，語調中沒有抱怨，卻充滿著無奈與不捨。

這位醋廠主人用一副很神祕的表情，並壓低

聲音詢問我們，你們知道嗎？釀造義大利傳統香醋的原料，除了葡萄汁外，還有一種神祕的神奇原料，這個祕密原料，非常重要，沒有它就沒有義大利香醋了，但是有很多人都忽略它。我心中瞬間充滿問號？不會是要告訴我們天大的祕密吧？我們才剛認識啊，我緩慢而疑惑的搖頭，醋廠主人則瞇起眼睛，並微笑而緩慢的一個一個字的吐出，義大利語混合英語的四個字「tempo，It is time！」哈哈！這個伯伯，真愛玩弄玄機。

他又接著說，其實不只是時間，更準確的說，是時間和時間所帶來的人文、文化、歷史以及它的底蘊，所以義大利傳統香醋是人類的珍寶，不僅僅是物質，更是精神上。

時間是個神奇之物，有一位聖人曾說：「時間是神。」時間造就了許許多多的歐洲傳奇，也在這些歷經百年釀造香醋的木桶上留下痕跡。傳統釀造香醋的木桶相當珍貴，當木桶破損時，並不會丟棄木桶，因為木桶內側保留著非常多的傳統釀造香醋的歷史風味，在不能破壞木桶的情況下，會以新木桶包覆整個舊木桶的方式進行修復，以完整保留木桶內側的風味。

在摩典娜當地，傳統的人們相信香醋在釀製的過程中，會不斷蒸發流失，而這些香醋是貢獻給上天的，也因為這些蒸發作用，才帶給香醋

濃郁而豐富的口感，所以當地人稱這種現象為
「Angel's Share」。

　　醋廠主人還說，如果一個人帶著無私的愛，
還有虔誠敬仰的心釀製義大利傳統香醋，而且樂
於將香醋貢獻給上天和時間之神，上天就會賜予
口感豐郁多層次，質地如絲綢般滑順光亮，而且
無可替代的義大利傳統香醋；如果一個人只帶著
金錢和利益的心，製造對人體有傷害的工業醋，
導致人的道德下滑，那麼那些傷害人的醋及道德
低下的後果，最終都會回歸給製醋人和他的後
代。

　　這段學習參訪醋廠的過程，情緒一直被這位
風趣又有智慧的伯伯帶動著，一會兒感傷，一
會兒耍寶，一會兒感性又有智慧，話雖如此，但
這也是為什麼，這些義大利傳統經典食材，如此
吸引人的原因。

　　真正的義大利傳統釀造香醋，必須遵循一千
多年前的傳統工序釀造，經過多年甚至上百年的
細心呵護熟陳，才能釀製出濃郁黏稠又具多層次
的「醋中之王」。

　　市面上有許多工業化調和的義大利香醋，口
味和風格眾多，常見有草莓、桑甚、莓果、黑松露、
白松露，這些都是工業化的產品，真正符合歐盟
DOP 法規的義大利傳統香醋的原料，只有一種，

那就是葡萄汁 Must，在義大利語稱為 Mosto。

義大利傳統釀造香醋 Aceto Balsamico Tradizionale di Modena DOP 是不能有任何添加劑，原料只有葡萄汁，沒有第二種。

傳統釀法的醋，釀製過程，是先將果汁內所含的糖份，經由發酵轉變為酒精，然後再經過氧化細菌發酵把酒精轉化為醋（乙酸），所以所有的天然醋，理論上都要先發酵成酒精，再氧化為醋。

傳統釀造的義大利香醋，通常在 9 月底，10 月初的時候，開始採收葡萄（最常使用的葡萄品種為 Trebbiano、Lambrusco），接著壓榨葡萄，然後大部分醋廠會將葡萄果汁以 90℃ 的溫度，慢煮 24 到 48 小時（歐盟 DOP 法律規定 80℃ 以上，30 分鐘以上），然後慢火煮至葡萄汁減少約 1/3~1/2，這個時候隨著水分蒸發，糖度和酸度會增加，葡萄汁的顏色也會從淡稻綠色轉變為琥珀色，最後變成褐色。

之後再將這些葡萄汁倒入發酵桶，進行酒精發酵，在這個過程中，葡萄汁的糖份經由發酵轉變為酒精，也就是說，葡萄汁會轉變成葡萄酒，完成酒精發酵後，再將這些葡萄酒轉入沒有加蓋的大型橡木桶，以利於空氣和葡萄酒的接觸，這時開始進行醋化作用，也就是利用氧化細菌發酵

傳統釀造義大利香醋
熟陳用的桶子
標示有「Castagno」字樣
的栗子木桶
Castagno 在義大利語
為栗子的意思

把酒精轉化成醋的過程，也稱為醋化過程。

最後開始進行最重要的過程，也就是熟陳。

這時再將醋轉入位於閣樓的醋窖（義大利人稱醋窖為 Acetaia），準備開始進行義大利香醋特有的熟陳方式，稱為 METODO SOLERA，將這些葡萄醋倒入一組醋桶，通常一組醋桶會由大小不同的木桶組成，通常為 5 至 7 桶（DOP 法規為 5 桶以上），這一組醋桶稱為 Batteria，最小的醋桶在摩典娜為 10 公升，在瑞吉艾米利亞 (Reggio Emilia) 最小則為 15 公升，最大為 80 公升，醋桶可以使用不同的木材，常見的有橡木、桑葚、栗子、櫻桃、杜松子。

每個醋桶的頂部都會開一個方形的孔，只蓋上紗布而不密封，紗布是用來防止灰塵和蚊蟲，夏天在摩典娜的閣樓，溫度通常非常高，加上醋桶上的大方孔，如此醋的蒸發速度會非常快，經過長時間的氧化熟陳，醋會變得越來越柔和，加上醋會從各種不同的木桶得到各種風味，還有經過不斷蒸發的作用，醋的風味會越來越濃郁而豐富，質地會越來越黏稠。

每年這些醋桶都會因為蒸發的過程，會流失大量的醋，這時就會透過添加新的葡萄醋來彌補流失的醋，方法是 10 公升的醋桶，會從 20 公升

義大利傳統香醋桶
上的大方孔

每個醋桶的頂部
都會開一個
方形的孔
只蓋上紗布
而不密封
紗布是用來
防止灰塵和蚊蟲
但依然可以
保持讓香醋
不斷蒸發熟陳

的醋桶提取葡萄醋，再倒入 10 公升的醋桶，而 20 公升的醋桶，則從 30 公升的醋桶提取，依此類推，最後最大的醋桶再加入當年新釀的葡萄醋。經過了多年的細心照顧和釀造，義大利傳統釀造香醋的風味開始展現。

依照歐盟的法規，DOP 等級的義大利傳統釀造香醋必須熟陳 12 年以上，之後必須經過公會認證才會授予公會的標章，並由公會將這些通過 DOP 認證的香醋裝入特殊的專利瓶。

一般人對於 DOP 等級的義大利傳統釀造香醋的印象，通常是來自於義大利的摩典娜，其實義大利傳統釀造的香醋，除了有來自於摩典娜的 Aceto Balsamico Tradizionale di Modena DOP，還有來自於瑞吉艾米利亞的 Aceto Balsamico Tradizionale di Reggio Emilia DOP，兩者的管制法非常接近，品質和風味也非常接近，但是兩者都有各自的專利玻璃瓶，至於 IGP 等級的香醋則沒有特別專用的玻璃瓶。

作者註解

在那個沒網路的年代，我剛踏入餐飲業的時候，對於 Must 這個單字，我曾經有過誤解，Must 在葡萄酒和香醋的世界中，指的是葡萄汁喔！

35

100cc 專利瓶
上圖下方
非常容易辨
只有通過摩典娜
義大利傳統釀造香醋公會
認證的 DOP 香醋
才能裝上此玻璃瓶

倒鬱金香型
100cc 專利瓶
只有通過
瑞吉艾米利亞
義大利傳統釀造香醋公會認證
的 DOP 香醋
才能裝上此玻璃

IGP 等級的義大利香醋
並沒有專用瓶
可以使用各種各樣的玻璃瓶裝

傳統義大利香醋
的
法律規範

傳統義大利香醋有著悠久的歷史，大約有一千多年的歲月了。

在 11 世紀就有義大利香醋的文獻記載，於西元 1046 年，托斯卡諾 (Toscano) 的侯爵，博尼法喬 (Bonifacio)，在神聖羅馬帝國皇帝亨利三世 Henry III 經過波平原 (Po Plain) 時，進貢一瓶完美無瑕的醋。

但了 13 世紀末，摩德納的宮廷，就開始釀製義大利香醋，直到 1747 年，在埃斯特 (Francesco I d'Este) 公爵的地窖文獻，開始出現 Balsamico 的字樣。

西元 2000 年 4 月 17 日，歐洲理事會通過了第 (EC)813/2000 號條例，授予歐盟頒與原產地名稱保護標識證明 Denominazione di Origine Protetta (DOP) 給義大利傳統釀造香醋，從此義大利傳統釀造香醋 Aceto Balsamico Tradizionale di Modena DOP 開始有法律保護和規範。

在古老年代
用來裝
傳統義大利香醋
的大陶瓶

100cc 的陶瓶
在傳統的年代
用來裝
義大利香醋

歐盟對於義大利香醋，實施 2 種管制法規：

1. 地理標示保護法 IGP (Indicazione Geografica Protetta)，法定名稱為 Aceto Balsamico di Modena IGP。

2. 原產地名稱保護標識證明 Denominazione di Origine Protetta (DOP)，法定名稱為 Aceto Balsamico Tradizionale di Modena DOP。

1	義大利香醋 Aceto Balsamico di Modena IGP 幾個比較重要的法規：

必須在摩典娜和瑞吉艾米利亞這兩個地區生產和包裝。

必須使用以下的葡萄品種生產：Lambrusco、Sangiovese、Trebbiano、Albana、Ancellotta、Fortana、Montuni。

在溫度 20°C 時，密度不能低於 1.06。

酒精濃度不能超過 1.5%。

酸度不能低於 6%。

二氧化硫每公升不能高於 100mg。

甜度，每公升糖分不能低於 110g。

管制較為鬆散，和 DOP 等級的食材相比價格當然也便宜許多。

2 義大利傳統釀造香醋 Aceto Balsamico Tradizionale di Modena DOP 必須符合以下要求；

使用的原物料只能是葡萄，不能有任何食品添加劑。

必須使用以下的葡萄品種生產：Lambrusco、Sangiovese、Trebbiano、Albana、Ancellotta、Fortana、Montuni。

必須在摩典娜和瑞吉艾米利亞這兩個地區生產和包裝。

通過認證的義大利傳統釀造香醋，不能自己裝瓶，必須由義大利傳統釀造香醋公會，將香醋裝入 100 ml 的專利玻璃瓶中。

葡萄的糖度不能低於 15°。

葡萄的種植產量，必須每公頃最低於 16,000 公升，而且產量必須達到 70%以上。

必須使用溫度 80°C 以上，慢煮葡萄汁 30 分鐘以上（一般醋廠通常為 24 到 48Hrs）。

葡萄汁慢煮後，必須經過酒精發酵和酒精醋化。

DOP 香醋熟陳室必須是通風，而且不能以外來方法、器具控制溫度，必須是自然的溫度。

最少要在木桶自然熟陳 12 年以上，不能使用任何工具幫助熟陳，例如使用機器加熱。

必須在不同尺寸的木桶熟陳。

熟陳用的木桶必須使用橡木、杜松子木、櫻桃木、桑葚木、栗子木和蘋果木。

顏色：明亮的深棕色。

物體濃度：像糖漿般的濃稠。

香氣：濃郁而持久的花束香氣，並有溫和並令人愉悅的酸味。

風味：平衡的酸度和甜度，並帶有木桶賦予的各式香氣，濃郁而飽滿的花束香，餘韻悠長。

總酸度：不能低於 4.5°

在溫度 20°C 時，密度必須在 1.240 以上。

管制非常嚴謹，製作方式必須和傳統的原始方法一樣，和 IGP 等級的食材相比，不管是製作方式、使用的原物料的要求都嚴格許多，價格當然也高出許多。

註：義大利傳統釀造的香醋，除了有來自於摩典娜的 Aceto Balsamico Tradizionale di Modena DOP，還有來自於瑞吉艾米利亞的 Aceto Balsamico Tradizionale di Reggio Emilia DOP，兩者的管制法非常接近，以上為摩典娜義大利傳統釀造香醋的法規。

Trentino-Alto Adige

Lombardia

Valle d'Aosta

Friuli-Venezia Giulia

Veneto

Piemonte

Emilia Romagna **Caffe**

Napoli, Campania

Liguria

Toscano

Marche

Umbria

Abruzzo

Molise

Lazio

Puglia

Campania

Sardegna

Basilicata

Sicilia

Calabria

3.

咖啡

咖啡 與精神交融的飲料

百年咖啡館
曾經是歐洲文人雅士
聚集的地方
也是孕育出
許多經典文學的搖籃
如今則是觀光客必遊
的熱門景點
圖為鍾紀瑤女士提供

咖啡
與精神交融的飲料

Acqua spirituale

　　在還沒到義大利學習廚藝之前，如果有人問我什麼是義大利人不可或缺的飲料？我的答案應該會是葡萄酒吧！而這個答案，主要是從歐盟的官方數據和一些書籍雜誌所得來的結論。不過自從在義大利進修廚藝後，和義大利同學們以及當地人相處後，發現義大利南方人並不是餐餐都喝葡萄酒（不管是午餐還是晚餐），其實用餐期間喝啤酒和可樂的比例也不少，這樣的情況，不知道是否是義大利南部特有的情形，還是整個義大利都是如此。

　　義式咖啡舉世聞名，在我的印象中，義大利人非常喜歡喝咖啡，但是當我踏上義大利和拿坡里當地人一起生活一陣子後，發現拿坡里人不只是熱愛咖啡，他們是把咖啡當成一種非常重要的精神飲品，高興的時候來一杯咖啡、失望的時候來一杯咖啡、工作前來一杯咖啡、工作累了來一杯咖啡、下班了來一杯咖啡、沒事無聊時也不忘來一杯咖啡，我想如果有一天，咖啡突然從義大

義大利人的日常早餐
其實很簡單
牛角麵包、吐司和咖啡
這也是我們在拿坡里
最常食用的早餐搭配

奶油起士甜點捲 (Cannoli)
來自西西里島的傳統甜點
在義大利隨處可見
尤其是拿坡里的咖啡館
幾乎每一家
都有奶油起士甜點捲

利人的生活中消失了，那麼他們可能會突然不知
如何生活下去了。

　　義大利人對於咖啡的熱愛是隨處可見的，從
街上到處可見的咖啡吧，就可以猜想義大利人對
於咖啡的喜愛，他們不僅僅在咖啡吧和餐廳喝咖
啡，在自己的家中他們也不忘使用摩卡咖啡壺
(Moka pot) 在家煮咖啡、喝咖啡。

在上班前的
尖峰時段
義大利人習慣
到咖啡吧
點一杯濃縮咖啡
一口喝完
然後趕去上班

據我義大利同學說，其實很多義大利南方人，他們起床後的第一件事，不是上廁所或刷牙，而是使用摩卡咖啡壺在家煮咖啡，從那一刻起，也開始了他們一天的咖啡生活。

義大利大約是臺灣 9 倍多的面積，南北文化差異很大，對於咖啡這個最為日常的飲品，也有著不同的習慣，但是不管是南義大利人，還是北義大利人，對咖啡的熱愛是共通的，對於許多義大利人來說，咖啡是一天中最重要的精神飲料。

羅馬的百年咖啡店
說實在的
當地人很少會到
這些觀光咖啡店
喝咖啡

多年前在義大利拿坡里學習廚藝時，有一天
和義大利同學一起到一家非常受當地人喜愛的傳
統餐廳享用晚餐，餐後免不了來一杯咖啡，我隨
口回答服務人員要來一杯拿鐵咖啡 Caffèlatte，
而服務人員隨即以疑惑和有些誇張的微笑和我
確認要在這個時候點拿鐵咖啡嗎？同學馬上幫我
向服務人員更改成濃縮咖啡 Espresso，我滿臉
疑惑注視著我的義大利同學，同學則回答我，在
這個地區只有小朋友才會在早餐以外的時間喝拿
鐵，大人在晚餐後，大部分的人都喝濃縮咖啡，
只有少部分的人喝瑪奇朵 Macchiato，沒有人
會在這個時候喝拿鐵咖啡。

這可不是喝剩的咖啡！
在義大利點一杯 Espresso
端上來的
就是這樣
30cc 的經典咖啡

我心中隨即叨咕了兩下，真的有這麼誇張嗎？在義大利北方的餐廳，晚餐後的咖啡，想喝什麼，就喝什麼，那些北義大利人也沒有任何奇怪的反應，你們拿坡里人的反應也太誇張了吧！

事後想想，晚餐後喝濃縮咖啡，不喝拿鐵咖啡，其實也滿有道理，義大利人在餐廳的晚餐，通常是非常豐富，尤其是假日的晚餐，大都要吃到完全吃不下為止，餐後來杯濃縮咖啡，剛好可以去去滿嘴的油膩，況且義大利人從來不會為了晚餐後喝一杯咖啡而煩惱睡不著。

義大利人的南北文化，在某些方面真的有很大的差異，對於我來說，義大利北方人理性，思想較開放，也比較容易接受外來文化；而義大利南方人熱情，思想比較保守，很重視家庭和傳統文化，比較不容易接受外來的文化。我的義大利北方的朋友們，常常說義大利南方人太保守不知變通，不喜歡接受外來文化，所以進步緩慢而落後，但是以我這個臺灣人來說；就是因為義大利南方人的傳統觀念，不容易接受外來文化，才保留更多的義大利傳統文化。

對於義大利人來說，他們所謂的咖啡 caffe 是指義式濃縮咖啡 Espresso，在他們的想法中，提到咖啡的第一個反應就是濃縮咖啡，而不是其他加了牛奶或奶泡或巧克力的咖啡飲品。在義大利鄉下或小鎮的咖啡廳，如果直接向服務人

如果
在義大利的咖啡廳
有人點
美式咖啡 Caffè Americano
通常這些人都是觀光客

員說要來一杯咖啡，他們通常會直接給你一杯濃縮咖啡，如果想喝杯拿鐵咖啡，也像在臺灣一樣直接說要一杯拿鐵 Latte，他們通常會直接給你一杯牛奶而不是拿鐵咖啡，如果幸運的話，在觀光景點上遇上一位有經驗的服務人員，他們會和你確認，是要點牛奶 Latte，還是要點拿鐵咖啡 Caffèlatte，因為觀光客多了，遇到的相同情況也多了，在義大語中，Latte 是指牛奶，而拿鐵咖啡是 Caffèlatte。

如果在義大利的咖啡廳，有人點美式咖啡 Caffè Americano，通常這些人都是觀光客。對於我的一些義大利朋友來說，喝美式咖啡或手沖的咖啡就像在喝一杯髒水一般，意思是；就像

拿坡里的百年咖啡廳
義大利南方人
通常只會在用餐後
坐著喝咖啡
其他時間
大部分不會坐著喝咖啡

是一杯有人喝過的咖啡杯,但沒有洗過,直接加點水,所以只有一點咖啡的顏色,沒有任何風味。

義大利人喜歡喝濃縮咖啡,所以他們喜歡深度烘培的咖啡豆,尤其是越南方口味越重,也越偏好越重烘培的咖啡豆。所以在臺灣流行的手沖淺焙咖啡,在義大利並沒有市場,手沖咖啡在義大利的咖啡廳並不多見,就連知名的全球咖啡連鎖店在義大利的分店也沒有販賣手沖咖啡。在我的印象中,手沖咖啡只在米蘭一家很現代派的咖啡廳見過一次。

義大利人喝咖啡的速度非常快,一般不超過30秒,通常是站在吧檯邊飲用,不會坐著。尤

其是在上班前的尖峰時段，義大利人會習慣到咖啡吧，點一杯濃縮咖啡 Espresso，加一些糖，義大利南方人則會加很多糖，一口喝完，然後趕去上班。

在義大利拿坡里學習廚藝的日子裡，除了幾乎天天吃披薩外，也是我使用摩卡壺 Moka pot 煮咖啡頻率最高的日子。對於我來說，義大利人在上班前喝一杯咖啡，比較像是一種儀式而不是身體上的需要。

在義大利南方，義大利人的家中廚房，通常會有一個迷你的瓦斯孔，這個瓦斯孔不是用來煮食物，而是專門設計給摩卡咖啡壺使用的，點出來的爐火不大不小，剛好適合摩卡壺底部尺寸。爐架也是特別設計符合摩卡壺的大小，因此在義大利南方的廚房，使用摩卡壺煮咖啡是一件非常方便又優雅的事，從廚房這個微小的設備，就可以體現出義大利人對於咖啡的熱愛程度。

在臺灣我們通常使用登山瓦斯爐，有時也會使用一般家用瓦斯爐煮，不過使用臺灣的家用瓦斯爐煮咖啡時，別忘了爐火不能超出摩卡壺底部，以免煮焦咖啡以及破壞摩卡壺。

在臺灣，如果你也想過一下義大利人的咖啡家庭生活，那麼千萬別忘了，起床後來一杯使用摩卡壺煮的咖啡吧！

來杯義式咖啡吧！

準備物品

1. 準備摩卡壺 Moka pot 專用咖啡粉

2. 準備一個摩卡壺

3. 準備一個登山瓦斯爐

使用方式

1. 裝水：使用加壓壺時，將水倒入上壺至標有 H2O 的字樣（勿超過此處），再將上壺的水倒入下壺。使用經典壺時，將水倒入下壺安全閥的一半處。煮咖啡的水也可以使用熱水，較為省時和省瓦斯。

2. 裝粉：將咖啡粉倒入粉槽呈現小山丘狀，輕輕敲擊粉槽的周圍，最後刮平（請勿下壓咖啡粉），將粉槽裝入下壺並將上下壺鎖緊。

3. 將登山瓦斯爐的火源開至最大，如果是使用家用瓦斯爐，就將火源調小至不超過摩卡壺底座，以免煮焦咖啡以及破壞摩卡壺。

4. 使用加壓壺時：煮到出現蒸氣聲後，即可將摩卡壺移開火源，完成動作。使用經典壺時：煮到咖啡斷斷續續流入上壺時，即可將摩卡壺移開火源，完成動作。

Pizza
Napoletana

Napoli, Campania

披薩

拿坡里人的三餐和點心

朋友戲稱
這是老婆披薩
在拿坡里
學習
那不勒斯披薩時
桑卓太太
最常做的披薩

義大利拿坡里
保羅聖芳濟教堂

拿坡里人
的三餐和點心

Fare le pizze è come amare qualcuno

披薩大概是全世界最常見，最受歡迎的料理之一，幾乎每個國家都有人製作披薩，販賣披薩。義大利拿坡里，又譯為那不勒斯，一個位於義大利南方的城市也是披薩 (Pizza) 的發源地。

走過世界上 20 幾個國家，到過瑞士、美國、澳洲、義大利、法國、西班牙、葡萄牙學習料理，所到的地方，總有一些餐廳和披薩專賣店，會以傳統正宗的那不勒斯披薩 (Pizza Napoletana) 做為餐廳的號召，當然台灣也是如此。

到底甚麼才是義大利正宗的「傳統那不勒斯披薩」？這個問題一直在我心中縈繞許久，直到走訪那不勒斯披薩的發源地「拿坡里」，向一位真正的那不勒斯披薩老師傅學習如何製作真正的傳統式那不勒斯披薩 (Pizza Napoletana STG)，才找到真正的答案。

我的披薩老師，除了是一位披薩老師傅之外，

我在那不勒斯
學披薩的老師
一輩子
熱愛披薩不厭倦

老師傅
緊盯每一個細節和步驟

也是一位餐廳經營者，他從父親的手上繼承了現在這間餐廳。老師傅從出生之後就開始在他們的家族餐廳遊玩，有記憶開始就已經在餐廳廚房幫忙了（我想應該是 6~7 歲吧！！！），到了 12 歲就已經是餐廳專門負責窯烤披薩的廚師了，想想 12 歲的我還在讀小學呢，這種感覺還真奇妙！

這個情況讓我回想起，以前看過一位英國名廚的一部影片，他是世界上知名度最高的主廚，片中鼎鼎大名的主廚，來到義大利，和當地 7、

用心溝通
不須要語言也不分國籍
用心體會
才能獲得真正的意涵

8歲的義大利小女孩比賽手工製作當地傳統的義大利麵，結果世界名廚慘敗在小女孩的手下，哈哈！那個畫面，對我來說一直印象非常深刻。

在這位那不勒斯披薩老師身上，我看到他雖然幾乎一輩子都在做披薩，但是對披薩依然有著揮發不完的熱情，所以對他來說，製作披薩是一件非常嚴謹和嚴肅的事；他雖然不常說披薩是他生命，不過從他言談和對待披薩的熱情，完全可以感受到那種氛圍。

剛到拿坡里的廚藝學校學習如何製作那不勒斯披薩時，只要我們站在窯爐區或拍麵團的工作檯前，老師傅就會很仔細地盯著我們每一個小動作，剛開始我的壓力非常大，因為老師完全不會英文而且也不常講義大利語，主要是以拿坡里當地方言來溝通（很像我們台灣鄉下，只講台語的老阿伯），我雖然學過義大利語，不過也忘得差不多了，我們之間的溝通完全是依靠第三者翻譯成英文來對談，但是翻譯並不是專業的翻譯人員，加上翻譯後的語言畢竟會有落差，有時會帶來一些誤會，再加上是多種語言之間的翻譯，落差就更大了。

一開始，我直覺的想從語言中去揣測老師真正要表達的內容，而忘記用心去領會和細心觀察老師所要表達的動作和內涵。但是學習專業的手

拍麵團技巧，有時必須用心體會，才能感受到那些微妙的差異技巧。

其實，有時候用心溝通是不須要語言也不分國籍的，如果一心只想從語言中去鑽研反而會失去用心體會才能真正獲得的含意。

很開心，我後來終於跳出那種只想以外在語言去理解每一件專業技巧的旋渦中，後來的我更容易用心去理解和感受老師所要表達的含意。雖然過程中，仍然還會有一些小障礙，不過大部分的時候，只要一個眼神或手勢，我就能夠理解老師所要表達的想法了。

對於我來說，放下自我、從「心」歸零學習是很重要的，如果只想以過往的經驗和外在的語言去學習，那真的是很難去完全體會真正的內涵，也只有將「心」歸零，用心感受才能真正獲得。

如果你和我一樣，處在類似的學習場景，請別忘了，試試用心去感受對方所要教導的真正內涵，以及放下所有觀念，讓自己真正去體驗當地的生活文化。

在我的印象中，拿坡里人大概是全義大利人，或者全世界，最喜歡吃披薩的族群吧？這一點從拿坡里到處林立的披薩專賣店 (Pizzeria)

拿坡里
披薩廚藝學校
一群熱愛披薩的
義大利南方人
可以餐餐
都吃披薩的一群人

Schiaffo
傳統那不勒斯披薩
展開麵皮的方式
用手拍打麵團展開
而不是
用擀麵棍擀開麵團

來看，應該不難看出。

拿坡里人到底有多愛吃披薩呢？我那些拿坡里同學，他們可以餐餐都吃披薩，甚至點心也可以吃披薩，下午茶也可以吃披薩，宵夜也可以吃披薩，就連我們在學習披薩的過程中也不斷的吃披薩。想像一下，從每天早上 9 點開始上課，到下午 5 點下課，過程中要不間斷的練習烘烤披薩，也不斷的品嘗披薩，對於我來說，下課後到餐廳再點披薩吃，簡直不可思議，但是我們那些同學卻做到了。他們除了在學校品嘗大量的披薩外，下課後幾乎天天還會再來一片披薩。

那不勒斯披薩大約有 300 年的歷史了，依照 18 世紀的義大利名廚，文森佐科拉多 (Vincenzo Corrado) 的記載，那不勒斯披薩大約起源於 1715 年至 1725 年之間，之後慢慢傳遍整個歐洲，如今在全世界各個角落幾乎都可以看到它的蹤跡。

傳統那不勒斯披薩的製作方式和其他披薩有著很大的區別，其中一個特點就是烘烤的時間非常短，僅僅只有 60 到 90 秒，和烘烤一般的披薩，最少 10 幾分鐘，有著很大差別。

第一次接觸真正的傳統那不勒斯披薩時，就被它用手拍打麵團展開，而不是用擀麵桿擀麵

那不勒斯披薩
烘烤的時間僅僅只有
60 到 90 秒

團的手法所吸引，這個特殊的手拍麵團技巧，在那不勒斯披薩的專業用語為 Schiaffo，而 Schiaffo 在義大利語則是擊打或賞人一巴掌的意思。

在義大利學習披薩的那段日子，每次看到我們老師拍打披薩麵團時，當下都有一種在欣賞一場魔術表演一樣的感覺，老師可以只用 3 下的拍打，就將一顆麵團，瞬間放大成 35 公分的麵皮，那樣的場景真是神奇。

傳統
那不勒斯披薩
STG 認證

歐盟為了保護和保留傳統料理的原始製作方法，並讓一般民眾可以很輕鬆的了解，哪一個才是經典料理的真正傳統手法，因而成立了 STG(Specialità Tradizionale Garantita)，也就是 TSG 認證。有了 STG 認證，大家就可以很容易分辨，什麼才是真正的傳統料理，而不是任憑大家各說各話，任由每一個人都標榜自己的料理，才是最原始的經典料理。

目前，整個歐盟只有兩種義大利的產品獲得 STG 的認可，一個是傳統那不勒斯披薩 (Pizza Napoletana STG)，另一個是傳統莫札瑞拉起司 (Mozzarella STG)。

目前還有義大利的傳統阿瑪翠斯醬 (Amatriciana Tradizionale STG) 在申請中。

2010 年，歐盟為了保護那不勒斯披薩的傳統製作方法，讓全世界最受歡迎的美味料理有一個法規遵循，也讓一般民眾了解甚麼才是真正傳統的那不勒斯披薩，因而制訂那不勒斯披薩 STG 法規。

瑪格莉特披薩
Pizza Napolentana
Margherita STG

　　目前擁有 STG 的傳統那不勒斯披薩 Pizza Napoletana STG 共有三種；

　　1. 瑪麗娜拉特披薩 (Pizza Napolentana Marinara S.T.G.) 2. 水牛瑪格莉特披薩 (Pizza Napolentana Margherita Extra S.T.G.) 3. 瑪格莉特披薩 (Pizza Napolentana Margherita S.T.G.)

依照歐盟第 97/2010 號的法規，傳統的三種那不勒斯披薩 STG，除了鋪在披薩上方的食材不一樣外，其餘的做法和披薩麵皮的食材都相同，都必須符合以下製作方式：

1 烘烤完成的那不勒斯披薩 STG 的直徑不能超過 35 公分，中心部位的厚度為 0.4 公分，正負差為 ±10%，披薩的外圈為 1 至 2 公分的厚度，整個披薩必須要柔軟、有彈性，而且可輕鬆折疊成 4 個。

2 烘烤後的披薩表面上的 Mozzarella di Bufala Campana AOP 或 Mozzarella STG 必須融化但不能烤焦。

3 麵粉必須具備以下特點；

W 值：220 ～ 380

P/L 筋度值：0.50～0.70

Absorption 吸水值：55 ～ 62

Stability 穩定值：4 ～ 12

Value index E10 指數：最大為 60

Falling number 落粉值：300 ～ 400

Dry gluten 筋性：9.5 ～ 11%

Protein 蛋白質：11 ～ 12.5%

4 製作那不勒斯披薩 STG 的麵團；1 公升的水需溶解 50 ～ 55g 的海鹽，加入麵粉總量的 10%（大約 200g），然後加入 3g 啤酒酵母，不加任何油脂，僅在進烤爐前淋上橄欖油。啟動揉麵機，並逐漸慢慢添加其餘的麵粉約 1,800g，直到達到所需的稠度為止。

5 第一階段揉麵團的時間需要 10 分鐘。

第二階段改以中低速運轉 20 分鐘，讓麵粉的分子能夠有足夠的時間吸收水份並獲得最佳的稠密度，完成的麵團摸起來必須不黏手，並且要柔軟有彈性。

6
完成的麵團必須具備以下特徵，每個數據的正負差為 ±10%：

發酵溫度：25° C

pH 值：5.87

滴定酸度：0.14

密度：0.79 克 / 立方釐米（+34%）

7
麵團第一階段發酵：將麵團從揉麵機取出後，用濕布覆蓋防止其表面變硬，開始第一次發酵持續兩個小時後，開始分切塑形成圓球狀，每顆必須的重量為 180 ～ 250g。

8
麵團第二階段發酵：將塑形成圓球狀的麵團置於室溫下，開始 6 小時的第二次發酵。

9
只能以雙手使用拍打方法的展開麵團，不可使用擀麵棍其他機器展開麵團，直徑為 35 公分。其中心厚度不得超過 0.4 公分（正負差為 ±10%），邊緣外圈（最外圈凸起、沒有餡料的部份）為 1 ～ 2 公分。

10
烘烤後的比薩具有以下特徵：

番茄僅損失了多餘水分 外觀還保有形狀

起士「Mozzarella di Bufala Campana AOP」或「Mozzarella STG」熔化在比薩上

羅勒、大蒜和牛至草散發出強烈的香氣，但不烤焦

11
只能以木柴的窯爐來窯烤披薩

12
窯爐烘烤層的溫度：約 485° C.

13
窯爐內部頂端的溫度：大約 430° C

14
烘烤披薩的時間：60 ～ 90 秒

15
烘烤後麵皮達到的溫度：60 ～ 65° C

16
烘烤後番茄達到的溫度：75 ～ 80° C

17
烘烤後橄欖油達到的溫度：75 ～ 85° C

18
烘烤後起士達到的溫度：65 ～ 70° C

傳統那不勒斯披薩
Pizza Napoletana STG
只能以木柴的窯爐
來窯烤披薩

三種傳統那不勒斯披薩 Pizza Napoletana STG，除了要符合以上的共同法規外，也有各自獨立的法規要遵守；

製作瑪麗娜拉特披薩 Pizza Napolentana Marinara STG：

用勺子將 70 至 100 克切碎的去皮的番茄放在披薩麵皮的中心

以螺旋運轉的方式將番茄撥開平均分散在整個披薩麵皮表面上

將鹽撒在番茄的表面

撒上少許牛至草 (Oregano)

將蒜片放番茄上

從披薩麵皮的中心往外添加 4 至 5 克特級初榨橄欖油，正負差為 20%

製作水牛瑪格莉特披薩 Pizza Napolentana Margherita Extra STG：

用勺子將 60 至 80 克切碎的去皮的番茄或新鮮番茄，放在披薩麵皮的中心

以螺旋運轉的方式將番茄撥開平均分散在整個披薩麵皮表面上

將鹽撒在番茄的表面

將 80 至 100 克切成薄片的水牛莫札瑞拉起司 Mozzarella di Bufala Campana AOP 放在番茄表面

在披薩上放幾片新鮮羅勒葉

從披薩麵皮的中心往外添加 4 至 5 克特級初榨橄欖油，正負差為 20%

製作瑪格莉特披薩 Pizza Napolentana Margherita STG：

用勺子將 60 至 80 克切碎的去皮的番茄或新鮮番茄，放在披薩麵皮的中心。

以螺旋運轉的方式將番茄撥開平均分散在整個披薩麵皮表面上。

將鹽撒在番茄的表面。

將 80 至 100 克切成薄片的傳統莫札瑞拉起司 Mozzarella STG 放在番茄表面。

在披薩上放幾片新鮮羅勒葉

從披薩麵皮的中心往外添加 4 至 5 克特級初榨橄欖油，正負差為 20%

Trentino-Alto Adige

Lombardia

Valle d'Aosta

Friuli-Venezia Giulia

Veneto

Piemonte

Olio di oliv

Emilia Romagna

Puglia

Liguria

Marche

Toscano

Umbria

Abruzzo

Molise

Lazio

Puglia

Sardegna

Campania

Basilicata

Sicilia

Calabria

5.

橄欖油

南義料理的靈魂 橄欖油

用來榨橄欖油的橄欖
油脂非常多
用手捏
就能感受其油脂

南義料理的靈魂
橄欖油

Fontana della vita

　　義大利從南到北，除了北方阿爾卑斯山腳下的地區外，幾乎大部份的義大利城鎮都有種植橄欖。越往南，通常產量就越多，尤其是義大利的南方大區普利亞 (Puglia)，是義大利橄欖油產量最多的地區。

　　在義大利南方的飲食文化中，橄欖油就像是料理中的靈魂，如果缺少了橄欖油的料理，那就像人沒有了靈魂一樣，只徒具外表，缺乏了真正的內涵底蘊。

　　多年前，第一次到義大利南方學習料理時，才真正了解到橄欖油對於義大利南方人的重要性。那時剛好是初夏時分，在義大利的南方氣溫已經開始飆升，在高溫的季節，對於油炸或是使用大量油脂料理的餐點，我的直覺反應通常是很油膩。

　　但那一次的學習卻顛覆了我對橄欖油的感

受，在學習的剛開始，對於橄欖油的使用量感到非常疑惑，在料理的過程中，不僅僅使用橄欖油油煎食材和油炸食材，並以橄欖油油浸的手法料理食材，製作醬汁時也使用大量橄欖油，出餐前還不忘再淋上橄欖油。

當下的我，直覺反應的認為這些料理應該很油膩吧！所以隨口問一下身邊的義大利同學，「這樣會不會太油了？」同學只是看了我一眼，很禮貌性的微笑，沒有任何回答。在品嘗這些料理後，總算知道同學為什麼笑而不答了。這些料理其實一點都不油膩，反而因為出餐前淋在料理上的橄欖油，增添綠番茄、朝鮮薊的香氣，風味也變得更有層次；這些橄欖油又很容易被人體吸收，因此 那些預期中的油膩感完全沒有出現，在這次的學習經驗後，常常會聽到許多義大利南方的朋友說；橄欖油對他們來說是一種調味料，而不只是簡簡單單的一種油品。在義大利你可以發現橄欖油在料理上幾乎無所不在，不管是煎、煮、炒、炸；還是單獨拿來蘸麵包，當沙拉的醬汁外，就連義大利麵、燉飯、湯、各種肉類海鮮，甚至甜點、巧克力、冰淇淋、蛋糕，都可以發現橄欖油的蹤影，在料理完成後也會加入。所以對他們來說橄欖油不僅僅是油，橄欖油還是一種調味料。

我義大利南方的同學還會告訴我，橄欖油對

以橄欖油炸海鮮
在南義大部分餐廳
都會出現

於他們來說真的很重要，不只是在滿足他們味覺上、腸胃上的需要，甚至小時候在教會受洗的時候，也是以橄欖油受洗。其中一位同學還說；他奶奶常常告訴他，在他小的時候，每天都會餵他一匙橄欖油，現在的他才會又健康又帥氣，所以直到現在，他仍保持每天喝一匙橄欖油的習慣。

一年冬天，我們到義大利的鄉下小鎮進修，那裏非常乾燥，而我太太剛好忘了攜帶潤膚乳液，我便詢問義大利當地同學，哪裡可以買到好用的潤膚乳液，同學笑著說：「你住的民宿的廚房，應該就有潤膚乳液了。」我納悶的回答：「你們義大利人都把潤膚乳液放在廚房嗎？」這個回答換來這位同學和其他同學，一陣哈哈大笑。其中一位同學手搭著我的肩膀，一邊笑一邊說：「橄欖油放在廚房啊，橄欖油是最佳潤膚乳液喔！」我一副完全不相信的表情看著他們，他們則開始七嘴八舌的告訴我，橄欖油對人體有多好，不僅僅很容易被人體吸收，而且還有抗氧化功能，還有什麼什麼好處。其中一位同學的阿嬤，還會拿橄欖油來潤髮。本來不願相信橄欖油也是潤膚乳液的我，經過這番洗禮之後，回去和太太一起試著用橄欖油替代潤膚乳液，結果發現真的非常好用，橄欖油果然很容易被人體吸收，而且橄欖油的果香味很清爽，所以橄欖油不僅可以內服，還可以外敷，甚至可以受洗喔。

橄欖樹
在義大利隨處可見
尤其是郊區

回想起使用橄欖油的經驗，應該要從剛入餐飲業算起。那時候的台灣，市面上的橄欖油種類非常稀少，印象中大概就只有 2~3 種，對於橄欖油的相關訊息也非常稀少，所以想要尋得橄欖油的相關知識，在那個年代真的非常難。

多年前為了更加瞭解橄欖油的相關知識，便開始搜尋中外書籍、報章雜誌、網路上的橄欖油訊息。當下發現，除了訊息稀少外又有許多資訊互相矛盾，例如這些訊息，有很多提到橄欖油並不適合煎、煮、炒、炸，只適合當沙拉的醬汁；但是這些資訊和我對於橄欖油的認知完全相違背。想起我們在拿坡里和義大利南方小鎮生活的日子，許多義大利南方的朋友都喜歡以橄欖油炸食物，更不用提到煎、煮 、炒了。記得多年前，有一段時間，拿坡里非常流行炸薯條搭配各種醬汁，只要在熱門時段路過拿坡里的市區，幾乎都會看到長長的人龍在炸薯條的專賣店前延伸而出，如此可以想像當時炸薯條受歡迎的程度。拿坡里人喜歡用橄欖油炸食物，不僅僅體現在炸薯條，而是體現在各式各樣的油炸美味上，從一般的拿坡里餐廳最常見的開胃菜，大概就可以了

解拿坡里人有多麼愛好橄欖油炸料理，例如；油炸海鮮 Fritto Misto di Pesce，拿坡里炸小麵包 Zeppole di Pasta Cresciuta、義大利炸飯糰 Arancini di Riso，還有在小吃店和披薩專賣店都非常容易見到的 Calzone Fritto (Pizza Fritta)。想起在拿坡里所學所見，都和我當時找到的橄欖油資訊有很大的不同。

為了釐清哪些訊息才是正確的，以及獲得正確的橄欖油資訊，我到義大利北方小鎮因佩里亞 (Imperia)，參加義大利國家橄欖油協會的國際橄欖油品油師課程，並通過品油師的認證，隔年再參加為期三年的第一屆高階國際橄欖油品油師課程（如今課程只需兩年），並獲得高階國際橄欖油品油師頭銜。在義大利國家橄欖油協會的官網上，2018 和 2019 年登錄的高階國際橄欖油品油師有 28 位，2020 則有 42 位；歷經多年的研究和實用，不管是廚師的日常，還是高階國際橄欖油品油師的日常，橄欖油和我的生活已經變得不可分割了。

義大利北方沿海小鎮
因佩里亞 (Imperia)
以橄欖油聞名
曾經是地中海地區
橄欖油的集散地

一般人
對橄欖油的
錯誤認識

新鮮橄欖

對於我來說；高品質的橄欖油是一種非常好的佐料，在料理完成後淋上一些橄欖油，不僅可以增加香氣，也可以增加一些口感。記得多年前在拿坡里學習比薩時，其中一位義大利同學最喜歡的簡單料理，就是將橄欖油加鹽後，再加入生菜中攪拌均勻，這就是一道非常天然健康的美味沙拉。但是先決條件是必須使用高品質的橄欖油，但市面上卻充斥著許多劣質橄欖油，卻號稱百分百的橄欖油，這些假劣橄欖油不僅僅沒有橄欖油的花果香氣，也沒有任何口感，最讓人詬病的是，還會傷害人體健康。

假劣質橄欖油在世界上許多地區都有，甚至連主要產區地中海地區也未能倖免。當然台灣也沒能逃過這樣的傷害，想起多年前的黑心油事件，一家在台灣油品市佔率高達 40％的油廠，以銅葉綠、棉籽油（主要用來製作潤滑油）、沙拉油、葵花油，混合少部分橄欖油，卻標榜「100% 西班牙進口特級冷壓橄欖油」製成，並強調「100% 特級橄欖油」、「特級初榨橄欖油（Extra virgin olive oil）」等對外銷售。

因為那次的黑心油事件，台灣許多民眾也開始注意橄欖油的相關訊息，經過了這幾年，雖然橄欖油的訊息以數倍成長，橄欖油的數量也增加許多，但一般民眾對橄欖油還是存在許多誤解。以下是我在餐廳中或到外地主持講座時，最常碰

到一般人對橄欖油的錯誤認識：

Q 橄欖油標榜冷壓
就一定是好油嗎？

A: 依據歐盟規定，橄欖油冷壓 cold pressed 只是代表壓榨方式，只要是 27 度 C 以內就是冷壓。但現在已慢慢失去意義，因為第一次壓榨多是使用離心機來壓榨橄欖，所以溫度不易超過 27 度 C。依據歐盟的規定，初榨橄欖油 Extra virgin olive oil 的製作方式，只能是第一次壓榨和冷壓萃取 (不能使用第二次壓榨的橄欖油，壓榨時溫度不能高於 27 度 C)，所以初榨橄欖油標榜冷壓 cold pressed 的方式萃取，行銷手法多於實質意義。

壓榨橄欖油的過程中，如果溫度過高就容易產生氧化，進而開始腐敗影響品質，儘管如此，冷壓橄欖也只是橄欖油製作過程中的一個步驟，整個橄欖油製作過程步驟非常多樣，需要每一個環節都超過標準要求，才能生產出高品質的橄欖油。

所以橄欖油標榜冷壓，就只能代表是使用冷壓方式萃取的橄欖油。

橄欖樹相當長壽
圖為樹齡 600 多年的
老橄欖樹

傳統
用來壓破新鮮橄欖
成糊狀的大石臼

經過大石臼滾壓後
的新鮮橄欖
轉變為橄欖糊
鋪在圓形墊上
準備壓榨

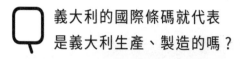

義大利的國際條碼就代表
是義大利生產、製造的嗎？

A: 國際條碼只能代表從哪一個國家出口，並不能保證一定是從該國生產製造。例如國際條碼800~839 是指在義大利裝瓶出口，但並不代表原料一定是來自義大利，可能是來自非洲等等其他國家的原料。（如希臘的國際條碼為 520、西班牙為 840~849）

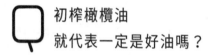

初榨橄欖油
就代表一定是好油嗎？

A: 依據國際橄欖油協會以及歐盟對於特級初榨橄欖油 Extra virgin olive oil 的規定，所有初榨橄欖油都只能使用第一次壓榨出的橄欖油，所以初榨 first pressed（第一次壓榨）也是行銷手法重於實質意義。

另外初榨橄欖油並不能代表一定是好油，只能代表是使用第一次壓榨出的橄欖油，因為影響橄欖油的品質因素有許面向；包含製作方式、使用的器具、採收的方式、壓榨的溫度、橄欖的品質，例如；製作橄欖油的過程中，如果使用不新鮮、發霉或有蟲卵的橄欖，經過第一次壓榨後，所生產出來的橄欖油依然是有重大瑕疵的劣質油。所以初榨橄欖油只是橄欖油製作過程中眾多

將鋪在圓形墊上
的橄欖糊串成一大串
再以重力
由上至下壓榨
歐盟對於
特級初榨橄欖油
Extra virgin olive oil
的規定
只能經過一次壓榨

細節中的一個步驟，唯有每一個環節都超過標準要求，才能生產出高品質的橄欖油。

對於我們真正要食用的油，通常建議只食用特級初榨橄欖油 Extra virgin olive oil(EVOO) 是較合適的。

初榨橄欖油只適用於涼拌沙拉不適用於煎煮炒炸？

A：事實上，一般對於初榨橄欖油是否適合油炸的認知是來自於燃煙點；當油脂被加熱到某一個開始冒煙的溫度，稱之為燃煙點。燃煙點越高，油所能承受的溫度越高。依據聯合國的研究，橄欖油的燃煙點平均是 210 度 C，2019 年有一篇在自然期刊發表的論文，指出橄欖油的燃煙點平均也是 210 度 C。一般油炸的油溫大約在 160~180 度 C 之間，中餐的高溫快速油炸法，溫度大約在 200 度 C 左右；因此以燃煙點來看，橄欖油是適用於油炸的，但橄欖油經油炸後，橄欖多酚以及部分天然抗氧化劑會流失，儘管如此；使用橄欖油油炸還是比使用氫化油（市面上常見的油類大部分都是氫化油，例如：沙拉油、耐炸油）對人體相對而言是較為健康的。

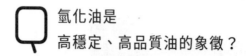

Q 氫化油是
高穩定、高品質油的象徵？

A: 簡單的說，一般食用油大部分的分子鏈是屬於長鏈，因此容易缺氫，造成油脂容易氧化和不穩定，因此將油脂經過氫化，補上氫之後，油脂就會變得更加穩定，不容易氧化，例如沙拉油、棕櫚油、葵花油。

氫化油也充斥在我們經常食用的食品中，多數和麵粉有關的食品都會使用油脂，例如餅乾是 2/3 麵粉，1/3 油脂製成的，以及霜淇淋、奶油、布丁、蛋塔、薯條、巧克力……這些食品大部分都使用大量油脂。一般市面上的食品公司為了降低成本，大部分都是使用氫化油加上食用色素、調味劑、稠化劑，以及食品添加劑製造成各式加工食品。

市面上銷售的油品多是經過氫化，所以能耐高溫、耐存放，但是最大問題是吃進人體後會轉變成反式脂肪，對人體殺傷力非常大，例如：增加人體不好的膽固醇 LDL(Low-Density Lipoprotein)、減少人體好的膽固醇 HDL(High-Density Lipoprotein)、並且會替代人體細胞膜中的必須脂肪酸、干擾人的新陳代謝，對健康產生方方面面的影響。

同一品種的橄欖
越成熟時
所壓榨出的橄欖油
顏色會越偏金黃
越年輕的橄欖
壓榨出來的油
顏色越偏綠

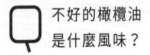 好的橄欖油
喝起要非常柔順，不苦不辣？

A: 大部分人對於好的橄欖油的風味認知，通常是順口，不具有任何刺激性的口感；不過真好的橄欖油的風味，其實是顛覆一般人想像的，它聞的時候必須有果香味、飲用時必須有苦味、辣味，甚至喉嚨有燒灼感，完全顛覆一般人對橄欖油的印象。

橄欖油的果香
是添加食品添加劑嗎？

A: 依據歐盟規定，真正好的天然壓榨橄欖油，不可以添加任何食品添加劑。

不好的橄欖油
是什麼風味？

A: 依據歐盟規定有 16 種，包含腐敗味、酵味、醋酸味、泥土味、油耗味等等。

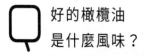 **好的橄欖油
是什麼風味？**

A: 依據歐盟規定，聞的時候必須有果香味、飲用時必須有苦味和辣味，喉嚨會有燒灼感，常見的香氣有番茄、番茄葉、蘋果、杏仁、堅果、朝鮮薊等等。

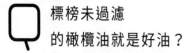 **標榜未過濾
的橄欖油就是好油？**

A: 基本上過濾與否取決於油廠所訴求的風味，未過濾的油通常風味較重、對人體有益的物質會保留較多，但也較易產生氧化和發酵，導致橄欖油的品質在較短時間內變質。橄欖油過濾與否，只是告訴我們未過濾的風味可能較為強勁，對於品質則沒有絕對關係；不過一般不好的油廠，會經過仔細的過濾，加上除臭技術消除油品本身不好的味道。

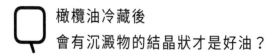 **橄欖油冷藏後
會有沉澱物的結晶狀才是好油？**

A: 事實上，冷藏過的橄欖油是否會產生沉澱物的結晶狀，取決它的過濾程度，過濾越仔細的橄欖油，冷藏過後產生的沉澱物越少，所以以此角度看，橄欖油冷藏後的沉澱物與品質沒有絕

傳統
用來儲存橄欖油
的陶甕

現代
不銹鋼大型儲油槽
使用惰性氣體隔絕空氣，以避免氧化

對關係。通常好的橄欖油廠為了保存橄欖油的風味，不會經過太仔細的過濾，因此好的橄欖油，冷藏後通常會有沉澱現象，但也不是絕對的。

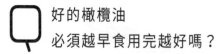

橄欖油標籤上的
PURE olive oil
POMACE olive oil
EXTRA light olive oil
OLIVE OIL
都是屬於可食用的橄欖油嗎？

A: 法律規定這些橄欖油都是可以食用的。但他們通常經過氫化除臭程序，像一般沙拉油一樣，若想食用好的橄欖油，建議只食用 Extra virgin olive oil 。

好的橄欖油
必須越早食用完越好嗎？

A: 橄欖油它像果汁一樣，很容易氧化，基本上越早食用完越好。一般的橄欖油廠標示的有效日期多為兩年，若想食用新鮮橄欖油最好當年食用完畢，即當年採收壓榨後，一年內食用完畢。一般油廠的有效日期是裝瓶日期後的兩年。

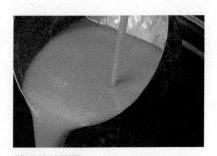

越成熟的橄欖
壓榨出的油
顏色會越偏金黃
風味較圓潤柔和
越年輕的橄欖
壓榨出的油
顏色越偏綠
風味越強烈
吃起來會更苦更辣
燒灼感更重
圖為綠色偏金黃

品油師專用杯

從橄欖油的顏色
就可以分辨橄欖油的品質嗎？

A: 橄欖油的顏色取決橄欖的品種、氣候、收時間與橄欖種植的地形等方方面面的因素，一品種的橄欖，越成熟時所壓榨出的橄欖油，色會越偏金黃，風味較圓潤柔和。越年輕的橄欖壓榨出來的油，顏色越偏綠、保留越多的橄欖酚，是橄欖油中對人體最好的成分。越綠的橄欖油風味也越強烈，喝起來會更苦、更辣、燒灼更重、果香更濃郁，但是越綠出油率越低，生率也就越低，所以有些橄欖油會標榜早摘。

橄欖油的顏色僅僅是提供參考，非絕對的質評估指標。專業的橄欖油品油師，是不能以色來區分橄欖油的品質，為了不讓品油師產生入為主的觀念，所以橄欖油品油師的專用品油通常是藍色的，用來干擾橄欖油品油師對顏色判斷。

建議喜歡風味強勁的人，可買偏綠的橄油，若喜歡味道較圓潤，則可買偏金黃色的橄油。但不建議買顏色過於淡黃的橄欖油，它們可能是經過氫化處理的氫化油。

橄欖油
經第一次冷壓後
剩餘的乾果渣

◯ 經過二次壓榨的橄欖油 也是可以食用的油嗎？

A: 橄欖油經第一次冷壓後，會剩餘一些果渣，這些果渣通常會放置一段時間後，才進行二次壓榨，放置後的果渣通常會產生發酵、臭味、汙染。乾果渣經過第一次壓榨後，以正常的方式已經無法再榨出橄欖油了，因此油廠會將壓榨過的橄欖果渣，以加入溶劑再加熱的方式強迫萃取橄欖油。但這些橄欖油是使用已受汙染或氧化的果渣所榨出來的，因此這些橄欖油會帶有很重的腐敗味或臭味，油廠為了消除這些臭味和讓油的品質更為穩定，就會使用脫臭技術和氫化處理。經過脫臭處理和氫化處理後的油是不適合人體食用的，儘管法定的食用油是可以使用二次壓榨。

◯ 游離脂肪酸 Free Fatty Acidity 低於百分之 0.8 就代表好的橄欖油嗎？

A: 依據歐盟規定，Extra virgin olive oil 的游離脂肪酸 Free Fatty Acidity 需低於百分之 0.8。其實這個規定並不代表品質保證，許多橄欖果實完成熟成後、掉落地上幾天，再去壓榨，它的游離脂肪酸也不一定會超過百分之 0.8，所以游離脂肪酸低於百分之 0.8 也不能完全代表

同一株的橄欖
果實
越綠出油率越低
越黑出油率越高

是好油或無瑕疵的油。

標籤上有
Extra virgin olive oil
就是好的橄欖油嗎？

A: 依據調查，全世界有許多特級初榨橄欖
Extra virgin olive oil 是使用沙拉油或棉籽
來替代或仿冒真正的 Extra virgin olive oi
通常這些黑心油廠會添加少部分的特級初榨橄
油，再混合大部分的沙拉油或棉籽油，添加少
分的特級初榨橄欖油，只是用來提昇這些假油
風味，讓這些假油更像真的橄欖油。（棉籽油
常是用於機器、燃料或燈油的使用）

PDO 等級
的橄欖油就是好油嗎？

A:PDO 是歐盟認證許可，法規類似葡萄
的 AOC 認證。從氣候、土地、栽種方式、壓
方式、生產方式皆有嚴格規定，所以經 PDO
證過的橄欖油品質通常較有保障，但也非 100
都是沒有問題的好油。

Trentino-Alto Adige

Lombardia

Valle d'Aosta

Friuli-Venezia Giulia

Veneto

Piemonte

Tartufo
Bianco d'Alb

Emilia Romagna

Piedmont, Alba

Liguria

Toscano

Marche

Umbria

Abruzzo

Molise

Lazio

Puglia

Campania

Basilicata

Sardegna

Calabria

Sicilia

6.

松露

對松露你了解多少，只有貴嗎？

餐桌上的迷失，對松露的誤解！

國際阿爾巴
白松露博覽會的入口

對松露你了解多少
只有貴嗎？

Diamanti a tavola

松露獵人和
松露獵犬
（吳勇德導演
奇門音像提供）

　　白松露被譽為餐桌上的鑽石，而冬季黑松露則被尊稱為餐桌上的黑金。在台灣，一般人提到松露，通常直覺反應會想到法國，但是最負盛名和最受老饕喜愛的松露卻來自義大利。「松露世界的中心」就位於義大利北部的小鎮阿爾巴(Alba)。

　　「阿爾巴 ALBA 新鮮白松露」在松露界的地位，就像「羅曼尼康帝 Romanée-Conti」在葡萄酒世界中的地位一般，無人能出其右。

　　2019 年，一顆重達 1005 克的白松露之王，在國際阿爾巴白松露博覽會(Fiera Internazionale del Tartufo Bianco d'Alba)的新鮮松露拍賣會上，被一位買家，以 12 萬歐元（約 432 萬新台幣）的價格買下，折合 1 公克的白松露，大約價值 4,300 元台幣，是當時黃金價的 3 倍多（2019/12/4 台銀黃金價，1 公克為 1,432），雖然比不上最高的拍賣紀錄，不過依

掌心大小的白松露很少見
但還不足上
國際阿爾巴白松露博覽會的
新鮮松露拍賣會
登上拍賣會的白松露
通常重量必須在 800g 以上

然是天價！

　　雖然大部分的阿爾巴白松露都不會上拍賣會，不過一般的阿爾巴白松露，在義大利北部頂級餐廳，1 公克大約 9 至 12 歐元，儘管在當地依然不便宜，不過還是有許多人爭相品嘗餐桌上的白鑽「阿爾巴白松露」。

　　據我住在義大利北方的同學說，在義大利北方的一些頂級餐廳，客人點新鮮白松露時，服務人員會在上菜後在客人面前現刨白松露在菜上，在刨白松露前，服務人員先拿出磅秤，秤松露的重量，並展示給客人看白松露現刨前的重量，之後便開始刨白松露。當客人覺得白松露量足夠了，就要示意喊停，然後服務人員會再秤白松露的重量，並告知當次所消費的松露重量，這個景象在一些影片上看過，但是我自己沒遇過這樣的餐廳。我們去的餐廳，通常是在廚房已經將新鮮松露刨好了，或者桌邊現刨是固定的量，不用我們自己喊停。

　　同學還告訴我一個故事，她有一位國外的客戶到都靈 (Torino) 的一家頂級餐廳用餐，她的客戶點了兩道新鮮白松露料理，點餐時並沒有注意聽到白松露的消費是以克計價，他以為松露的價錢是固定地，當第一道白松露料理上桌時，服務人員在現刨白松露前還有提醒他，如果覺

松露刨刀

松露的量已經足夠了，請示意喊停，但是他想都已經花錢消費了，當然是吃越多松露越划算，所以現刨新鮮松露的過程中他都沒有喊停。而過程中，服務人員還中斷刨白松露兩次，向他確認是否還繼續，但他都沒有想停止，直到整顆松露刨完，等第二道新鮮白松露料理上桌時，他直接告訴服務人員，直接刨完整顆白松露不用問了，這樣的過程，可以想像他看到帳單後的驚嚇！

所以如果有朋友在義大利品嘗新鮮松露料理，而且是桌邊現刨現計價時，請記得要示意刨松露的人停手。否則服務人員會一直刨完整顆新鮮松露為止，別忘了「松露價格是用「克」來計算的，1 克大約 9~12 歐元，如果不知道一盤菜大約需要幾公克，你可隨興跟著感覺走，或者以一道一人份的料理大約需要 5~10 克，如果不知道刨多少為 5 克，可以直接跟服務生說需要幾克。

義大利，一個受老天爺眷顧的國度，從南到北，幾乎整個義大利每一個大區都有產松露，而且一年四季都可以獵松露，這樣的盛況在其他國家幾乎看不到。最為高貴的白松露和冬季松露都集中在義大利的中部和北部，尤其是產自義大利北部小鎮阿爾巴最負盛名，正確地說應該是來自於皮埃蒙特 (Piedmont) 的三個山丘 Langhe、Roero 和 Monferrato；依據法規，以上這三個山丘都可以以阿爾巴 (Alba) 的名稱販售，如

阿爾巴
附近的山丘

蒙特奇諾
(Montalcino)
義大利中部
托斯卡納大區
的山城
是葡萄酒產區
也是松露的產地

果阿爾巴白松露的重量超過 50g，再加上通過阿爾巴市的松露品質管理委員會的檢驗，這些阿爾巴白松露就會授與阿爾巴松露的原產地證明，並將標章綁在白松露上以示證明是來自阿爾巴的白松露。

整個義大利生產白松露的地區其實不算少，主要分佈在皮埃蒙特 (Piedmont)，莫利塞 (Molise)，托斯卡諾 (Tuscano)，翁布里亞 (Umbria)，艾米利亞羅曼尼 (Emilia Romagna) 和勒馬爾凱 (Le Marche) 這幾個大區。這些地區通常在每年的 10 月到 11 月期間，會選擇幾日舉行白松露慶典活動，這些眾多的活動中，以阿爾巴所舉行的國際松露博覽會最有名望，也最受大眾喜愛。

阿爾巴白松露有多受歡迎呢？我有一位朋友，她不僅僅是土生土長的阿爾巴人，也是家族世代都是從事松露和葡萄酒產業的松露人。據她的敘述，早期的阿爾巴國際松露博覽會為期只有 3 天，因為非常受好評，沒多久改成 1 個星期，還是佳評如潮，不管是商家，還是旅客都感到意猶未盡，希望延長時間。後來改成 2 個星期，沒多久又改成 1 個月，到目前為止，這個全世界規模最大和最具盛況的松露博覽會，每年大約會維持 2 個月的展覽時間，通常是從 10 月初到 12 月初的期間。如果你對松露世界充滿好奇，但又不

阿爾巴國際松露博覽會

知如何踏入其門,那麼參加阿爾巴國際松露
會絕對是最佳入門的路徑之一。

有次無意間在網路上觀看一個影片,片中
位英國名廚到阿爾巴選購白松露,但是他在未
松露獵人的允許下,隨手拿起一顆白松露,結
被松露獵人痛罵一頓的場景。這讓我想起多
前,我們第一次到阿爾巴參加「阿爾巴國際松露
博覽會」的尷尬景象。

　　阿爾巴小鎮的整體環境和氣氛我們非常喜歡，而且第一次感受到什麼是滿街都是松露的氛圍。當下太興奮而忘了不能隨手碰新鮮松露的潛規則。我們在一家松露店鋪內，進門後直覺地想拿起一顆新鮮松露，聞聞松露的香氣。當手在半空中，還沒碰到松露時，原本和善的義大利伯伯，馬上面露不悅，並以非常快又嚴厲的口氣說了一長串的義大利語。雖然過程中我只聽懂一個義大利單字，但是從他嚴肅又帶有不悅和不耐煩的表情，以及大聲又非常快的語速來看，他真的受夠了這些不懂當地文化和松露禮節的外來旅客。當下的我們感到非常尷尬和抱歉，之後又在其他松露商家看到類似的場景；無辜的旅客想碰新鮮松露卻被松露商家斥責的畫面，想想，每一個松露商家一天要遇到多少次相同的情況，這樣就能理解這些松露商家為什麼會無奈與不耐了。這幾年來，許多松露店家會在店內或松露展示處立起禁止碰觸松露的標示，但還是有很多完全沒有立標語的店家，尤其是松露市場內，幾乎看不到任何禁止標語，但千萬不要以為沒有立標語就可以隨意去碰觸新鮮松露了。

　　依照我們每年都會去松露產地學習和選購的經驗，直接詢問店家或松露獵人能不能碰觸新鮮松露，通常他們是會拒絕的。但是如果和他們聊上幾句，讓他們感受到你對松露是有一些基礎認識，而不是只有觀光客的好奇。在正常的情況

剛剛從土壤中
挖出的白松露

下，他們通常會很樂意讓人們去碰觸新鮮松露和
聞一聞它的香氣，也會很開心和人們分享松露的
專業知識，如果閒聊到很開心時，他們甚至會拿
出隱藏版的新鮮松露讓人觀賞。

拿取松露時，記得一定要小心輕柔，並且不
要用力捏揉，聞新鮮松露時，請記得不要一邊說
話，一邊聞其香氣，防止口沫噴到新鮮松露。放
回新鮮松露時，請記得也要輕柔並直接放回容器
或其他新鮮松露的上方。請記得不要於半空中就
隨意拋放，如此會傷害到新鮮松露，尤其是新鮮
白松露非常的嬌貴和脆弱。如果能達到以上基本
禮節，我相信這些松露店家和松露獵人會很樂意
和人們分享松露的美好。

一般在市場上的松露通常已經清理乾淨了，
如果在松露賣場上，有未清洗乾淨的松露，就要
非常小心，有可能遇上為了掩蓋腐爛部位而刻意
用泥土遮擋的松露。

高品質的白松露，香氣真的很濃郁。若將一
顆白松露放在廚房，整間屋子過一陣子就會充滿
白松露特有的香氣，由此可以想像白松露的香氣
有多麼濃郁了。

那要如何分辨新鮮松露的品質，等級的高
低？依據阿爾巴國際松露研究中心的松露感官評

鑑分析建議：

　　判斷白松露的品質通常有三大方向，一個是從外型，另一個是香氣，最後是質地的軟硬度。

　　白松露的外型除了不能有腐敗、發霉、有出水的現象外，越完整的松露通常價格越高，如果有不小心被鏟子劃傷的痕跡，其實是不損害品質的，但是價格會更親民；另外，表面有較多的突出狀，代表松露生長在較硬質乾燥的土壤中，松露的成長期會拉長，但是香氣會更濃郁、更豐富、質地也會越脆；相反，如果表面越平滑，通常代表生長在較軟質潮濕的土壤，生長期會較快、較短，但是香氣會變得較平淡、較內斂、質地也會越軟。

　　白松露的香氣通常分三段。第一段味道非常清淡，帶有泥土和青草的味道，不過在松露市場上不易出現。因為一般的松露獵犬無法嗅出它的味道，只有少數老經驗的松露獵犬才有辦法聞到白松露初期的香味。

　　第二段的香氣最為濃郁，通常有一些泥土、蒜頭、堅果、稻草，有時甚至會有一些蜂蜜的香味。這個時期的松露也是最美味的時候。當香味開始出現瓦斯的氣味時，就代表品質和香氣已經達到頂峰了，接著要開始走下坡，這時就要盡快

這是第一次在義大利買的新鮮白松露
因為捨不得吃
白松露後來出現腐敗味、黴菌、黏膜和水
切割之後「部分質地會有受潮的跡象」
代表已經不適合食用了
只能眼睜睜看著白松露進垃圾桶了

食用完畢。否則等到第三階段開始，原本富馥郁多層次的香氣會快速流失，直到完全消失殆盡，取而代之的是一股腐臭味，這時後悔已晚，這種感覺就像是「夕陽無限好，只是近黃昏」。

第三段開始出現腐敗味、臭抹布、臭襪子的味道，這個時候表面也開始出現白黴菌、黏膜和水，切割之後，部分質地會有受潮的跡象，代表已經不適合食用了。

高等級的新鮮松露，除了價格高昂外，賞味期也很短。白松露大約為 3~5 天，黑松露大約為 5~7 天，這也是為什麼在台灣，只有客群穩定的頂級餐廳才會提供新鮮松露料理的原因。

如果你很幸運，身邊正好有一顆新鮮松露，請不要捨不得，要記得馬上食用，因為松露的美味稍縱即逝啊！

餐桌上的鑽石
阿爾巴白松露
Tartufo Bianco d'Alba

餐桌上的迷失
對松露的誤解！

PERSO A TAVOLA

　　「松露」這兩個字對於許多人來說，並不陌生，不管是報章雜誌、網路，一提起頂級歐洲食材，松露總是很容易被聯想的食材。

　　阿爾巴 (Alba)，一個位於義大利西北部，人口只有 3 萬多人的小城鎮，雖然是小鎮，但是阿爾巴的名聲在美食餐客的世界中，卻是非常響亮而巨大的，因此阿爾巴也被譽為「松露世界的中心」。

　　多年前第一次到阿爾巴參加「義大利國家松露研究中心」(CENTRO NAZIONALE STUDI TARTUFO) 的新鮮松露感官評鑑課程，才發現自己竟然有許多對於新鮮松露的錯誤認識。

　　例如；尋找新鮮松露的動物，傳統上是使用「松露獵豬」協助，後來改為「松露獵犬」。我原以為是因為松露獵豬喜歡吃松露，為了避免獵豬尋獲松露後，直接將松露吃掉，而改用不喜歡吃松露的松露獵犬，後來才知道其實松露獵犬也非常喜歡吃松露。

阿爾巴
附近的山丘
也是
松露盛產地

　　義大利政府還以法律規定，禁止使用松露獵豬獵松露，主要的原因是為了保護松露。因為松露獵豬體型較大，尋獲新鮮松露時，容易將新鮮松露旁邊的微小松露菌孢破壞殆盡，而影響隔年的松露收穫。

　　在我們餐廳，每年新鮮冬季黑松露或新鮮白松露的季節來臨時，總會有來自各地的饕客和好友呼朋引伴，為了新鮮松露而來。經過多年的松露季，我們慢慢發現，不管是饕客也好，還是專業廚師，很多人對於新鮮松露的認識，存在著許多誤解。

✕ 誤解 1.

只要是松露就代表「昂貴」。事實是只有具有香氣和良好口感的松露才有品嘗的價值。這也是為什麼有些松露價格低廉卻無人問津，有些價如餐桌上的鑽石，大家卻爭相搶購的原因所在。

　　根據世界上最具權威的松露研究機構，義大利國家松露研究中心的報告：松露在世界上，目前總共有 63 種，在義大利有 25 種，卻只有 9 種可以食用，市場上的種類更為稀少，通常只有 6 種會出現在消費者面前。

　　在眾多的松露中，最有經濟價值的是以下兩種：

只有產於 Alba 附近
Langhe
Monferrato
Roero
這三個山丘的松露
才能稱為
Alba 松露

首先是松露世界中的王者，Tuber Magnatum Pico。它另一個比較親民的名稱為「阿爾巴白松露」Tartufo Bianco d'Alba。

「阿爾巴白松露」大部分只能在義大利的北部和中部能找到，這個餐桌上的鑽石，少部分可以在克羅地亞的伊斯特里亞半島 (Istria) 發現。

第二個是 Tuber Melanosporum Vitt，一般大眾稱為「法國冬季黑松露」、「冬季黑松露」或佩里戈爾松露 (Perigord Truffle)。「法國冬季黑松露」產量最多的地方，並不是法國，而是義大利；在義大利佩里戈爾松露從北到南都有產，但是品質最佳的還是來自於義大利北方，除了法國和義大利外，西班牙也能找到一些佩里戈爾松露。

✗ 誤解 2.

越大顆的松露代表品質越好，其實不然。

正常來說重量 40g 以上，體積重量的大小和品質就不會有絕對正比的表現，但是越大顆的松露越稀有，價格也就越高貴；所以越大顆的松露並不代表品質越好，通常只能代表越稀有和越高價。

每年國際阿爾巴白松露博覽會 (Fiera Internazionale del Tartufo Bianco d'Alba)

都會舉辦比賽，看誰的重量最重，成為當年的松露王，並舉辦拍賣會拍賣，每年都會以天價售出。

✗ 誤解 3.

很多人都會把松露罐頭和新鮮松露，混為一談，但兩者的價差非常大。大部分的人吃到的松露料理，通常是松露罐頭而非真正的新鮮松露，所以很多人誤以為松露罐頭的風味才是新鮮松露的真正味道，其實差別很大。

有些餐廳如果是提供新鮮松露，會先展示給客人看；如果沒有，可以試著詢問服務人員，是否可以欣賞一下新鮮松露。

✗ 誤解 4.

黑松露和白松露的料理手法式是一樣的？

不管是黑松露還是白松露都是以香氣著稱。但是白松露的香氣會比黑松露來的更濃郁和更有層次，而黑松露則比白松露更有口感， 兩者對於溫度的反應也有所不同。

黑松露最好在烹飪過程中加入，最佳時間是在完成料理前，因為黑松露的味道會在稍微加熱中放大它們的香氣。

白松露的香氣和黑松露相比，雖然更為強烈，不過白松露對溫度非常敏感，那些令人愉

阿爾巴經典料理
塔塔生牛肉
佐阿爾巴新鮮白松露

炙烤野生干貝
佐新鮮阿爾巴白松露

快的氣味,在高溫的作用下很容易失去他們的風
味。所以白松露通常是生食, 不經過加熱搭配其
他料理一起享受,或者在熱食上灑上一些食材,
再刨上白松露,也可以等待料理稍微降溫,再刨
上白松露。

　　在阿爾巴有一道經典料理 Tagliata di
manzo con tartufo bianco d'alba,就是以
生牛肉搭配白松露一起享用的傳統美食。

✕ 誤解 5.

新鮮松露會擁有獨特的味道和氣味，我們
經常能聽到「尿液味」、「臭水溝味」、「臭
襪子味」、「硫磺味」和「惡臭味」之類的描述。

高品質的新鮮松露，是不會有以上的味道
的。有這些味道的松露都代表著不再是新鮮松露
了，這些松露通常接近腐敗和不新鮮。

新鮮黑松露具有綠蘆筍、皮革、巧克力、麝
香、堅果的香氣。而新鮮白松露通常具有大蒜、
瓦斯、白蘆筍、稻稈和堅果的香氣。

一提到白松露有類似「瓦斯」的氣味，對於
不了解白松露的人，大都會皺起眉頭，或很難想
像其味道；但是如果換個完全不同的方向想，或
許會有不同的感受。

白松露的香氣是與天俱來，聞起來令人感到
愉悅，真正的瓦斯是無味無色，但是為了安全也
為了讓人很容易發現有漏瓦斯的現象，才加入液
態硫醇類混合附臭劑（大部分是利用四氫塞吩、
三甲基硫醇、甲硫醚等化合物混合而成），這些
味道會令人很不舒服，從而達到提醒人有漏瓦斯
的作用。而這種我們一般俗稱的瓦斯味，剛好和
白松露的香氣非常接近，所以很容易讓人聯想在
一起，並以瓦斯味記憶成白松露的香氣。

大部分的人，對於新鮮白松露的香氣是陌生的，但是對於瓦斯的味道則更熟悉，一般人聞到陌生的味道，通常會使用已經知道並記憶的味道去形容，大部分人通常是先有瓦斯味的記憶，之後才會聞到新鮮白松露。如此很多人就會形容白松露有瓦斯味，其實白松露和瓦斯聞起來的生理感受正好相反，一個是令人很不舒服，一個是令人愉悅。

如果換一個說法；「哇！原來瓦斯有白松露的珍貴香氣」，這樣的反向思考，不知道會不會讓人更容易理解新鮮白松露的香氣？

 誤解 6.
外表越漂亮，越圓滑的松露，代表品質越好。人不可貌相，同理用在松露也是如此。

判斷白松露的品質通常有三大方向，一個是從外型，另一個是香氣，最後一個是軟硬度。

對於一顆完整的松露表面，如果有較多的突出狀，通常代表生長在較硬質的土壤中，生長的時間就會變的更長久，松露就會有更長的時間形成芳香物質，香氣因此會更濃郁、更豐富。

在較硬或較多砂質的土壤中，松露會不容易生長，生長速度會變得緩慢，但是質地也會因此

一顆完整的
松露表面
如果有較多的突出狀
生長時間較長
香氣會更濃郁豐富

變的更脆更有口感；相反，如果表面越平滑，通常代表生長在較軟質的土壤，生長的時間會較短，香氣會較平淡、較內斂、質地也會越軟。

松露的外型也不能有腐敗、黏膜的現象。越完整的松露通常價格越高，如果有不小心被鏟子劃傷的痕跡，其實並不損害品質，但是有時價格會更親民。

松露在採收後，質地會慢慢變軟，尤其是白松露更明顯，通常松露質地偏軟的原因，一個是生長環境的影響，一個是品質開始走下坡了。

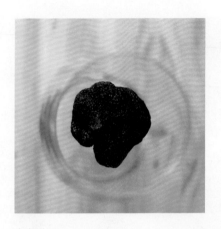

在餐廳
最佳展示松露的容器
是葡萄酒杯

✗ 誤解 7.

白松露要和米一起保存。一些影片中，或在一些頂級餐廳中，很常看到服務人員會將放置松露的精緻小木盒，鋪滿一層厚厚的生米，然後將白松露放在米的中間，之後很謹慎又帶點驕傲的展示給客人。

這樣的場景，對於專業的松露評鑑師，以及專業的松露從業人員來說，只能用不可思議來形容。

將白松露放在生米中，會加速這個嬌貴小東西的腐敗，對於白松露來說，水分非常重要，當松露和生米放在一起時，米會從松露上吸走過多的水分，而松露的芳香物質和新鮮度則會快速流失。

白松露通常會自己慢慢釋放水分，如果有過多的水分殘留在白松露的表面，也會加速白松露的腐敗。所以保存白松露，除了溫度外，最重要的就是保持水分的平衡。

還有一說，將白松露和米放在一起，米就會有白松露的香氣，確實米會沾附一些白松露的味道，但是這些米在料理的過程中，從松露得來的香氣也會揮發殆盡，所以如果是為了在煮好米後，希望這些飯能保有白松露的香氣，其實作用是不大的。

保存白松露的最佳方法是用廚房紙巾將白松

露包覆起來，然後放在保鮮罐中，最後置於冰箱的蔬菜保鮮室中儲存，然後每天更換紙巾。

在餐廳，將松露展示給客人最佳的容器是葡萄酒杯，而不是木箱，如此；客人不僅僅可以欣賞到白松露的外觀，還可以更細緻的聞其香氣，更重要的是，很自然地避免客人因為好奇，而不自覺的用手碰觸白松露。

✕ 誤解 8.

不想花大錢買新鮮白松露，可以買白松露橄欖油替代？白松露在油中很容易開始發酵，所以市面上的白松露橄欖油的香氣，通常是來自於香精而不是白松露本身。

有些白松露橄欖油，為了取信於人，通常會加幾顆小的白松露在橄欖油中。但是，白松露非常容易隨著高溫以及水分流失，使它特有又多層次的香氣完全流失殆盡。

如果在自家中使用白松露浸泡橄欖油，要記得盡快使用完畢，以免橄欖油和松露產生氧化，享用時對人體產生傷害。

記得白松露保鮮的期間非常短，只有 3 到 5 天，不管是放在米中，還是經過低溫烘乾，都無法保留其香氣。

Trentino-Alto Adige

Lombardia

Valle d'Aosta

Friuli-Venezia Giulia

Veneto

Piemonte

Emilia Romagna

Liguria

Salumi
Parma,
Emilia Romagna

Toscano

Marche

Umbria

Abruzzo

Molise

Lazio

Puglia

Campania

Basilicata

Sardegna

Sicilia

Calabria

7.

醃肉

義大利火腿之王 帕瑪火腿

真正老饕 才懂的歐洲傳奇

在醃肉舖裡的
帕瑪火腿
Prosciutto di Parma DOP

義大利火腿之王
帕瑪火腿

Le delizie del territorio sulla tavola

要了解甚麼是「帕瑪火腿 Prosciutto di Parma DOP」，首先要先了解甚麼是火腿？

火腿 (Prosciutto)，在義大利是指使用豬的後腿，經過醃漬後再自然風乾熟成，而義大利語 Prosciutto 就是指火腿的意思，Prosciutto 在義大利只能以豬的後腿肉製作，前腿製成的醃肉則稱為 Spalla。

儘管兩者外觀非常相似，但是品嘗起來的風味，價格都有所不同。

Spalla 是以豬的肩膀（前腿）為材料醃製而成，所以體積和重量都比使用後腿醃製的火腿小，而油脂的比例和後腿相比則更高，大多數人以為豬肩膀的油脂比例會更低，其實正好相反。豬的前腿骨頭所佔的比例也比較高，肌肉所佔的比例則更少。因為前腿體積小，肌肉所佔的比例少，導致醃製熟成的時間變短，那些需要長時間

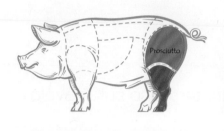

火腿 (Prosciutto)
只能以豬的後腿為原料
不能使用前腿

熟成才會帶來的細緻風味就會減少。而骨頭會給肌肉帶來較強烈的風味，因此骨頭佔比較高的前腿，在醃製熟成時就會獲得更強烈的風味，所以在相同的條件下一起醃製熟成的前腿和火腿，前腿的風味會更直接而明顯，而且更有咬勁，而後腿醃製的火腿，它的風味趨向細緻高雅，餘韻更為悠遠而細長，口感也更為柔嫩，但是火腿熟成的時間較長，所以成本相對也就較高。

帕瑪火腿在義大利享用的方式非常多元而豐富，幾乎各式各樣的食材都可以搭配，當然也可以單獨食用，或者簡單搭配芝麻葉或無花果、哈密瓜、蔬菜等一起享用，可以是各種三明治的內餡，也可以在義大利麵裡拌入帕瑪火腿增加風味層次，也可以在披薩的上方鋪上帕瑪火腿，當然也可以熬醬汁，搭配各種起士肉類，主菜都非常對味，也可以是葡萄酒和啤酒簡易美味的下酒菜。

帕瑪火腿在義大利雖然是日常食材，隨處可見，使用的範圍廣大，但卻並不是每個義大利的小鎮都可以生產，它只能來自帕瑪附近的山丘區域。

帕瑪被譽為「王者的生產地」，在這人口不到20萬的小城鎮，卻誕生出兩個舉世聞名的傳奇食材，一被譽為起士之王的帕米加諾起士 Parmigiano-Reggiano DOP，另一則是被譽為義大利火腿之王的帕瑪火腿 Prosciutto di Parma DOP。

Piacenza
Parma
Ferrara
Modena
Reggio Emilia
Ravenna
Bologna
Forli
Rimini
Emilia Romagna

帕瑪 (Parma)
一個位於義大利北方的小城

帕瑪市中心

在義大利
超市隨處可見的
帕瑪火腿

帕瑪火腿 Prosciutto di Parma DOP 雖然
被譽為義大利的火腿之王，但是我和一些餐飲業
的義大利同學卻戲稱，帕瑪火腿是最容易接近的
平民國王。

帕瑪火腿在義大利的醃肉舖、超市、起士舖，
都是非常容易見到的國王級美味食材，就連人口
只有一千到兩千人的鄉下小鎮，帕瑪火腿也是這
些商家的必備品。如果到那些非常強調地域性的
南方區域，像義大利的鞋跟普利亞（Puglia），鞋
底卡拉布里亞（Calabria）大區，或許卡拉布里

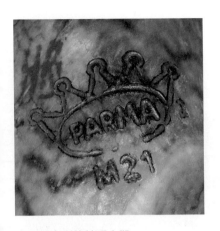

真正義大利的帕瑪火腿
必須擁有皇冠烙印
只有通過認證
帕瑪火腿公會
才能授與皇冠烙印

亞火腿 (Prosciutto crudo di suino nero di Calabria) 會更受歡迎。

帕瑪火腿的知名度相當高，是全世界最知名的火腿，但因為盛名所累，所以也是全世界被仿冒最多的火腿。

在臺灣那個不能進口義大利和西班牙火腿的年代裡，那時候臺灣很少人聽說過西班牙國寶伊比利豬火腿，瞭解的人就更少了。但是對於義大利的帕瑪火腿，許多人雖然不清楚卻有所耳聞；其實在那個不能進口義大利帕瑪火腿的年代，在臺灣所吃到的帕瑪火腿，大部分都不是真正來自於義大利的帕瑪火腿，其來源大都是美國或澳洲，還有其他非歐盟的國家。

剛開始，年輕的我，對於帕瑪火腿並沒有任何好印象，也就談不上特別喜歡了。可能那時所品嘗到的帕瑪火腿都是假貨，不是真正來自於義大利的帕瑪，直到我在義大利品嘗到高品質的帕瑪火腿，才真正認識到義大利的帕瑪火腿，原來可以如此美味。

目前義大利有 150 家的火腿廠在生產真正的義大利帕瑪火腿，產量和品牌眾多，如此才能滿足來自全世界各地的饕客和美食家飢腸轆轆的胃。高品質的帕瑪火腿，品嘗起來；鹹而不過、

熟成 36 個月的
義大利帕瑪火腿

非常柔嫩而不爛、風味層次豐富、尾韻悠長帶有一點點的甜韻，沒有一絲絲的油耗和豬騷味。

這幾年來，自從台灣開始開放西班牙豬進口後，在我們餐廳常常聽到有一些朋友說，第一次品嘗義大利的帕瑪火腿會覺得非常美味，但是如果吃過西班牙橡樹級的伊比利豬火腿，就會覺得義大利帕瑪火腿的品質和風味遜色許多；還有一些朋友會說，如果吃過全世界最好吃的火腿，西班牙橡樹級的伊比利豬火腿後，就很難再回頭接受帕瑪火腿，或者其他國家地區的火腿了；也有的朋友說，帕瑪火腿不夠軟嫩，而且鹹度過高，並有一些豬的騷味。

在我們的餐廳，長久以來，一直有販售和使用各種各樣的頂級火腿，當然這其中也包括了西班牙的伊比利豬火腿和義大利的帕瑪火腿。

不管是義大利帕瑪火腿的產地，還是西班牙伊比利豬火腿的產區，我們都曾拜訪學習多次，為了如何分辨火腿的品質，以及如何手工切火腿，如何品嘗火腿、料理火腿，如何餐酒搭配火腿和了解每一種火腿的口感，以及火腿各式各樣的相關專業知識，我們也曾經到西班牙參加國際火腿侍肉師的認證課程。隔年再次到西班牙參加國際火腿評鑑師暨餐酒搭配認證課程，參加這兩個專業課程後，讓我們更有系統性的從文化、人文、

歷史、料理各方面去了解火腿。幾乎每年都會到產地參訪學習。過程中和許多火腿從業人員相處，深入交流，讓我們對火腿有更深入的了解。

對於我來說；不管是義大利的帕瑪火腿，還是西班牙伊比利豬火腿，這兩種頂級火腿都非常美味。但是這兩種火腿也都有可能出現一些風味瑕疵的產品，這有可能是製造過程中所帶來的問題，也有可能是運送過程出現疏忽，當然也有可能是末端店家或消費者保存方式錯誤所導致的問題。

依據我們長時間的觀察和品嘗，熟成時間達到 36 個月以上的帕瑪火腿，如果運送和保存過程沒有任何問題的話，這些經過長時間熟成的帕瑪火腿，會因為擁有足夠的熟成時間帶來更為柔嫩的口感，和更細緻豐富的風味，而那些令人厭惡的豬騷味，幾乎不太可能出現。

在歐盟的法律規定，製作義大利帕瑪火腿，只能有 4 種原料，一個是豬的後腿，另一個是海鹽，再來是空氣和時間，如此可以想像「時間這個神奇的食材」有多麼重要。

但是歐盟的 DOP 法規，對於帕瑪火腿熟成時間的要求較為寬鬆，只要求最低熟成 12 個月即可，雖然在義大利的帕瑪 (Parma) 和附近位於艾米利亞羅曼尼 (Emilia Romagna) 大區的

城鎮，可以很容易找到熟成 36 個月的帕瑪火腿，如果夠幸運的話，還可以發現數量珍稀，熟成時間長達 48 個月的帕瑪火腿。

但是在義大利其他地區，不管是超市，還是肉舖，他們所販賣的帕瑪火腿通常是熟成 24 個月以下，最常見的是 16 個月和 18 個月之間的熟成時間。在臺灣所品嘗到的義大利帕瑪火腿，熟成時間通常為 12 個月到 16 個月，這些還未達到足夠熟成時間的年輕帕瑪火腿，會導致帕瑪火腿的風味發展不完全。這些年輕的帕瑪火腿，口感會更有咬勁，風味更強烈而直接，有時會有一些熟成不夠久所引起的豬騷味。所以如果你曾經品嘗過真正來自於義大利的帕瑪火腿，而你以前對帕瑪火腿的印象不是那麼的美好，甚至提起帕瑪火腿就皺起眉頭，那麼或許你可以再給自己一次機會，尋找熟成時間 36 個月以上的帕瑪火腿，或許會讓你對頂級帕瑪火腿有著完全不一樣的認識，帶來另一種愉悅風味的享受。

在熟成時間不足夠的西班牙伊比利豬火腿上，也可以找到和年輕帕瑪火腿的相同缺點和瑕疵風味；在臺灣，最常見的伊比利豬火腿，通常是熟成 36 個月的時間，所以那些熟成時間不足所帶來的風味缺點，就不容易產生。

這個世界總是充滿著無限的可能，無限的美

好,如果我們能摒棄後天形成的觀念,或許在美食界裡,在生活中,我們可以發現更為美味,更為美麗,更令人感動的料理和傳奇。

整個義大利境內,從南到北有非常多種類的火腿,當然也擁有不少 DOP 等級的火腿,例如:

Crudo di Cuneo DOP (Piemonte)
prosciutto di Carpegna DOP (Marche)
prosciutto di Modena DOP (Emilia-Romagna)
prosciutto di Parma DOP (Emilia-Romagna)
prosciutto di San Daniele DOP (Friuli-Venezia Giulia)
prosciutto toscano DOP (Toscana)
prosciutto Veneto Berico-Euganeo DOP (Veneto)
Jambon de Bosses DOP (Valle d'Aosta)

弗烏利大區 Friuli-Venezia Giulia DOP 等級
的火腿 Prosciutto di San Daniele DOP

托斯卡諾大區 Toscano,DOP 等級
的火腿 Prosciutto Toscano DOP

來自塢布里亞 Umbria 的
諾爾恰火腿 Prosciutto di Norcia IGP

未列入 DOP 或 IGP 等級的
地方特色火腿
辛塔火腿

如果仔細去觀察這些 DOP 等級的火腿，會發現它們都來自義大利的中、北部產區。但是，如果不小心路過義大利南方的市集和肉舖，會發現義大利南方，依然有許多天然而富有當地濃濃人文色彩的頂級火腿。這些火腿，通常遵照代代相傳的傳統技法，醃製熟成，它們雖然沒有被列入 DOP 等級，但是它們的高品質風味卻絲毫不遜色於 DOP 等級的火腿，甚至比一些 DOP 等級的火腿更為美味。

未列入 DOP 或 IGP 等級的地方特色火腿，辛塔火腿 (Prosciutto di Cinta Senese)，使用托斯卡諾 (Toscano) 的傳統原生豬種。辛塔原生豬 (Cinta Senese)，是一種 DOP 等級的鄉村原始豬種，以一半放牧，一半圈養的方式養殖。

在帕瑪和附近的小鎮，很容易發現他們會把兩種頂級食材；帕瑪火腿和帕米加諾起士，混在一起料理出美味的當地傳統菜。有些也會加入生產於附近另一個小鎮摩典娜的傳奇香醋 (Balsamico)，當地人會將這三種 DOP 等級的傳奇食材，簡單地舖放在一起，再加入一些新鮮的芝麻葉，就是一道看似非常簡單，卻是非常低調奢華的傳統料理。

在帕瑪，有一間專門料理帕瑪傳統菜的餐廳，其中有一道傳統料理我們一直非常喜愛。他

熟成 12 個月的
帕米加諾起士
裹上一圈帕瑪火腿
起士的乳香
融合了
帕瑪火腿特有的風味
品嘗一口
就是美味和幸福

們將熟成 12 個月的帕米加諾起士裹上帕瑪火腿，
再快速炸過，炸過的起士和帕瑪火腿，兩者的香
氣會融合在一起，最後再搭配當地栗子所做成的
醬汁，風味濃郁卻優雅。起士的乳香融合了帕瑪
火腿特有的風味，加上栗子泥的微甜口感，品嘗
一口在嘴中，就是美味和幸福！

帕瑪火腿
的製作過程

帕瑪火腿 Prosciutto di Parma DOP 的歷史相當悠久，2100 年前就有文獻記載了，據說「Prosciutto」這個單字，是來源於拉丁文「perexsuctum」，而 perexsuctum 在拉丁文的意思是風乾的意思。

歷經 2000 多年的人文歷史積澱，如今的帕瑪火腿依然遵從傳統的方式醃製熟成，所使用的原料，依照歐盟 DOP 法規的規定，只能有四種；

1. 豬後腿：火腿的主原料。
2. 海鹽：抑制不好的微生物滋生，給予火腿風味。
3. 時間：柔化過強的風味，慢慢轉變成細緻優雅的香氣。
4. 空氣：帶給帕瑪火腿獨特的風味。

用來製作帕爾瑪火腿的豬種，從出生到長大都必須來自義大利中部和北部的 10 個特定的地區，而且在成長過程中，必需以起士的乳清、玉米、大麥為飼料 。豬的體重要超過 160 公斤。

傳統的帕瑪火腿，製作的食材和方式看似簡單，卻是一個需要不斷付出和漫長等待的過程。

修剪

用來製作帕爾瑪火腿的豬後腿必須新鮮，而且未經過冷凍，在豬後腿送到火腿廠後，會在 0°C 的環境下冷卻 24 小時，豬後腿因為冷卻的原因，質地會變較硬，如此可以更容易地修剪整形。

第一次鹽

將豬後腿修剪成帕瑪火腿特有的形狀的修剪過程中，會將多餘的脂肪和表皮去除，以利於之後的鹽醃。

鹽醃

鹽醃只能以海鹽為原料，過程看似簡單，其實每個部位所使用的鹽，顆粒大小粗細和濕度都有講究和規範。撒鹽和用鹽的過程，非常講究細節，在義大利稱呼這些撒鹽的專業人員為 Maestro Salvatore。

通常豬後腿的外皮部分，會用濕度較高的濕鹽處理，而肌肉的部分則撒上濕度較低的乾鹽。

第一次鹽

表皮抹滿海鹽的後腿，會被移置到溫度為 1~4° C，濕度約為 80％ 的冷藏室中，並靜置 7 日，這個時候，溫度的控制非常重要，溫度太低後腿不易吸收鹽份，質地結構會被改變。溫度太高會導致氧化產生變質現象，這個期間稱為 'di primo sale'（第一次鹽）。

第一次熟成
裸露於豬表皮外
的火腿肉
表面會開始
慢慢轉為乾燥和硬化

第二次鹽

　　經過 7 日後會將火腿取出，並以水清除殘留的海鹽，之後再撒入一些海鹽，然後再放回到冷藏室，靜置 15~18 天，過程的時間長短取決於後腿的重量，這個期間稱為 'di secondo sale'（第二次鹽）。

第一階段靜置，開始發展風味

　　靜置 15~18 天後，去除殘留於火腿表面的鹽分，並靜置於濕度為 75%，溫度為 1~5°C 的冷藏室，這個期間大約會維持 60~80 天的時間，這個時候海鹽會慢慢深入地滲透到火腿的每個部位。

第二階段靜置，準備發展更細緻的風味

　　經過 60~80 天的時間後，將火腿用溫水洗淨並刷除多餘的鹽和雜質，然後懸掛在乾燥室中。

第一次熟成

　　將火腿轉移並掛在通風良好的空間中，這個空間會利用大窗戶來調節溫度和濕度，這個過程也是風乾熟成的開始，這時候製作帕瑪火腿 Prosciutto di Parma DOP 的第四個主要原料，「空氣」，開始發揮它的作用，期間裸露於豬表皮外的火腿肉，表面會開始慢慢轉為乾燥和硬化，這一時期對於帕爾瑪火腿發展其獨特風味是一個至關重要的環節。

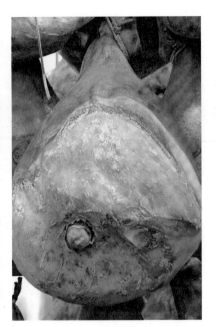

塗上豬油、鹽的帕瑪火腿

第二次熟成
利用窗戶
調節溫度
和濕度

抹油

　　以豬油、鹽塗抹在火腿的裸露面上，用來防止因為水分蒸發導致火腿過於乾燥而硬化。

第二次熟成

　　到了第 7 個月，將火腿轉移到光線較為黯淡的「火腿熟成窖」，並掛在架子上，直到熟成結束。在這個過程，火腿開始發生著重要的生物化學變化和生物酶化反應過程，簡單的說，就是第二次熟成，這個過程也是決定帕瑪火腿的風味，香氣和口感的過程

馬骨針具有
容易吸收香氣的特性
將馬骨針插入火腿
吸收火腿香氣
然後進行聞香檢驗

專業人員
以馬骨針
檢測火腿品質

檢測

　　火腿在熟成過程中，會不斷進行檢測，檢測
的方法是使用馬骨所特製的馬骨針進行，因為馬
骨針具有容易吸收香氣的特性，因此將馬骨針插
入火腿（不帶皮的部位）時，馬骨針就會帶有火
腿的味道，之後專業的檢測人員再嗅馬骨針的氣
味，用來判斷火腿的品質，每次檢測大約會進行
6 次的聞香檢驗。

已通過認證
準備出廠的
帕瑪火腿

認證

熟成時間，根據法律規定，從第一次鹽醃的日期開始算起，至少需要 12 個月的時間，有些火腿廠會熟成 36 個月以上的時間，依照法律規定只有限定最低時間，最長時間則無限制。

熟成結束並通過檢測，火腿就會獲得帕瑪火腿公會官方 Consorzio del Prosciutto di Parma 的認證烙印，會將兩個皇冠烙印在火腿的兩側。

帕瑪火腿的皇冠烙印也是一般消費者最容易分辨是否為真正的帕瑪火腿的方式，真正的帕瑪火腿一定會有帕瑪火腿公會的官方烙印。

義大利醃肉之王 King of Italian Salumi
庫拉泰洛・齊貝洛 Culatello di Zibello DOP

真正老饕
才懂的歐洲傳奇

Il re dei salumi che viene dall'Emilia

Parma 帕瑪
位於義大利的美食大區
Emilia Romagna

　　多年來一直是台灣，歐洲兩地來回飛，一年大概會來回三次，有時還會加上一趟美國行，這個過程除了學習歐洲當地的傳統料理外，當然也不忘尋找歐洲的傳奇食材和一些名不見經傳，卻非常美味和具有傳統特色的地方性美食。

　　忘了是哪一年，一次無意間看到了關於庫拉泰洛・齊貝洛 (Culatello di Zibello DOP) 的報導，標題引起了我的注意 「Culatello di Zibello - King of Italian Salumi」。 哦！原來庫拉泰洛・齊貝洛是義大利醃肉 (Salumi) 之王，原本以為醃肉之王應該是帕瑪火腿 (Prosciutto di Parma) 呢！

各式各樣的義大利醃肉 Salume
醃肉舖稱為
Salumeria
通常義大利肉舖裡面
會販賣各種
肉類食品以及起士

在義大利，大部分的人都知道庫拉泰洛 Culatello 是甚麼，但是知道庫拉泰洛·齊貝洛 (Culatello di Zibello DOP) 的人卻不多，雖然兩者在名稱上非常相像，事實上庫拉泰洛·齊貝洛和庫拉泰洛這兩者有著巨大的差別。庫拉泰洛可以是低價、低品質的化學醃肉，但是庫拉泰洛·齊貝洛則要完全符合歐盟 DOP 法規的天然醃肉，簡單的說，庫拉泰洛是一個大類，而庫拉泰洛·齊貝洛則是庫拉泰洛佔不到百分之一的最頂級款。就像車子是一個大類，而勞斯萊斯是汽車的最頂級款，不是所有的汽車都允許以勞斯萊斯的名稱行銷和買賣的。

庫拉泰洛·齊貝洛在餐飲界知道她的人不多，歐洲有許多人未聞其名號，在台灣聽過他的人更是屈指可數；儘管如此，庫拉泰洛·齊貝洛就像一顆被遺落在深山老林，表面布滿灰塵的寶石，依然掩蓋不了她經過長期歲月慢慢精雕細琢，用時光和高超技巧慢慢造就的燦爛奪目。

因為尋找食材的關係，常常在帕瑪 (Parma)、摩典娜 (Modena)、雷艾米利亞 (Reggio Emilia) 之間穿梭，剛好這幾個地區位於庫拉泰洛·齊貝洛的產區附近，所以常常會在肉舖發現庫拉泰洛·齊貝洛的蹤跡，讓我一直以為庫拉泰洛·齊貝洛是義大利隨處可見的食材。後來才發現離開艾米利亞羅曼尼 (Emilia Romagna) 這個大區後，就

淬鍊庫拉泰洛‧齊貝洛
成為王者的密地
擁有 700 多年歷史的
地下熟成室

不容易再發現庫拉泰洛‧齊貝洛的身影了。

剛開始對於庫拉泰洛‧齊貝洛的印象是價格不便宜的義大利醃肉，通常是帕瑪火腿 2 到 3 倍的價錢，有些則更貴。

頂級庫拉泰洛切片後的外觀，和經過長時間熟成的帕瑪火腿切片非常相像。因為它們兩者在製作中所使用的食材，有部分是一樣的，都是豬的大腿肉。儘管兩者在切片後的外觀非常接近，但是品嘗起來的感覺卻有著完全不一樣的風味。頂級的庫拉泰洛，外表濕潤、口感滑順並帶有乳脂、堅果、葡萄酒精的氣息，以及淡淡的煙燻味（雖然沒有經過煙燻），風味非常豐富而多層次，是那些喜歡頂級火腿，但是又想尋找更多風味層次的饕客的另一種選擇。

自從看了「庫拉泰洛‧齊貝洛是義大利醃肉之王」的報導後，就開始特別注意庫拉泰洛‧齊貝洛，我開始大量翻閱關於庫拉泰洛‧齊貝洛的相關資料，並試著和義大利的朋友聊聊關於庫拉泰洛‧齊貝洛，之後才發現有許多義大利人並不清楚庫拉泰洛‧齊貝洛是甚麼？特別是住在義大利南方的朋友就更不瞭解了。

在這個意外的情況下，更加強我到原始產區，揭開庫拉泰洛‧齊貝洛神秘面紗的決心，當

下的我很難理解，為什麼受到這麼多讚譽的歐洲
傳奇食材，卻默默無名。

　　經過兩年的按耐和期待，我們總算踏上了庫
拉泰洛‧齊貝洛的原始產地，波萊西內帕爾門
塞 (Polesine Parmense)，並在當地生產庫拉
泰洛最具代表性的莊園度過一晚，這個莊園具
有 700 多年的歷史，並擁有當地最古老的熟成地
窖。在這裡可以感受到庫拉泰洛‧齊貝洛的歷史
和文化，為什麼它會成為該產區的美食和文化遺
產的一部分。站在波河 (Po river) 沿岸，也可以
感受波河如何帶給這個地區特有的氣候風格，和
如何孕育著「醃肉之王」庫拉泰洛‧齊貝洛。

　　這個位於義大利母親之河波河旁的小鎮，波
萊西內帕爾門塞，我們在多年前的秋天抵達，那
時霧氣非常濃厚，不管是早上，還是下午，或是
晚上；一整天除了中午幾個小時以外，通常整個
地區都被霧氣籠罩著，尤其是早晨的時段。高密
度的濃霧彷彿從河中瞬間溢出，慢慢滲入附近的
每一個角落，就連孕育庫拉泰洛‧齊貝洛的古老
地窖，也可以感受到濃霧從平地慢慢順著樓梯
傾流而下，最後充滿整個的地窖。有時會有個錯
覺，濃霧好像是從地窖湧出一般，這樣的感受只
有親臨身受，才能理解為什麼這些製作庫拉泰洛
的工匠們，要一直不斷的強調這個濃霧的特殊性
和對庫拉泰洛的重要性。

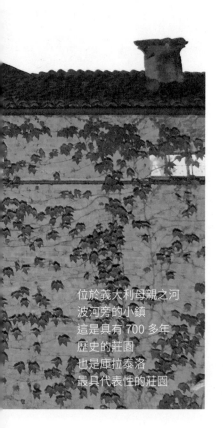

位於義大利母親之河
波河旁的小鎮
這是具有 700 多年
歷史的莊園
也是庫拉泰洛
最具代表性的莊園

造就庫拉泰洛・齊貝洛
的重要因素之一
長時間高密度的濃霧

波萊西內・帕爾門塞
不只是義大利醃肉之王的產區
也是起士之王的產區
這個具有 700 多年的地下熟成室
同時用來孕育兩個王者
義大利醃肉之王
庫拉泰洛・齊貝洛
Culatello di Zibello DOP
起士之王
帕米加諾

　　雖然庫拉泰洛‧齊貝洛並不廣為人知，卻深受一些真正的老饕的熱愛，記得我們去參觀熟成庫拉泰洛‧齊貝洛的地窖時，有許多顆庫拉泰洛已經掛上名牌，那些庫拉泰洛已經被來自世界各地的米其林餐廳主廚，和來自全球各個國家的王公貴族預定了。儘管庫拉泰洛‧齊貝洛的知名度不高，價格高昂，也只有當地居民和真正的老饕喜愛，但是它的產量卻常常供不應求。

　　波萊西內‧帕爾門塞(Polesine Parmense)不只是義大利醃肉之王的產區，也是起士之王的產區，這個具有700多年的地下熟成室，同時用來孕育兩個王者；義大利醃肉之王，庫拉泰洛‧齊貝洛 Culatello di Zibello DOP，起士之王，帕米加諾 Parmigiano-Reggiano DOP。

　　庫拉泰洛‧齊貝洛的產量非常稀少，在古老的歲月中，庫拉泰洛只供給當地人食用，許多住在義大利的南方人，聽都沒聽過，更別說品嘗過它的美味了。就這樣，庫拉泰洛以隱世的傳奇食材度過了數百年的歲月；到了近代，因為庫拉泰洛‧齊貝洛的產地，和聞名於世而且同樣以豬肉為食材的帕瑪火腿(Prosciutto di parma)的產地相重疊，加上製作庫拉泰洛的手工繁複，比起製作火腿的工序多出許多，再加上帕瑪火腿的高知名度，因此販賣帕瑪火腿會比販賣庫拉泰洛來得容易許多，所以當地許多製作庫拉泰洛的專

名牌顯示
這是歐洲貴族
摩納哥親王
阿爾貝二世
（Alberto II
di Monaco）
所預定的
庫拉泰洛・齊貝洛

業工匠，都紛紛改為製作帕瑪火腿。而原本從事庫拉泰洛‧齊貝洛的工匠就已經非常稀少了，加上人員的流失，就這樣庫拉泰洛一點一滴的慢慢被遺忘，甚至到後來幾近消失。

所幸老天爺安排了慢食協會 (Slow Food)，幫助推廣庫拉泰洛，經過多年的努力，庫拉泰洛的美味和美名才開始慢慢傳開，於是這些製作庫拉泰洛工匠們，才慢慢重回庫拉泰洛的懷抱。庫拉泰洛總算歷經絕處，現在開始逢生；話雖如此，庫拉泰洛‧齊貝洛的產量依然稀少，在義大利並不是隨處可見的食品，想在台灣一親庫拉泰洛‧齊貝洛的芳澤，真的是難上加難！

作者註解

Salumi 是 Salume 的複數，很多人會把義大利醃肉 Salumi 和義大利臘腸 Salami 混為一談，其實兩者有著很大的差別，義大利臘腸只是義大利醃肉的其中一項，義大利臘腸泛指醃漬風乾的香腸，而義大利醃肉涵蓋的範圍非常廣大。在義大利，義大利醃肉泛指所有使用鹽所醃漬的肉類食品，尤其以豬肉最為普遍，當然其他肉類也在包括的範圍內，例如：牛肉和馬肉。

義大利的醃肉舖稱為 Salumeria（生肉舖是 Macelleria），這個義大利單字就是從義大利醃肉 Salume 延伸而來的，通常義大利肉舖裡面會販賣各式各樣的肉類食品以及起士。

常見的義大利醃肉，有火腿 Prosciutto、臘腸 Salami、豬頸臘肉 Guanciale、義大利培根 Pancetta、義大利辣腸 Nduja，還有許許多多，族繁不及備載，這其中當然也包括庫拉泰洛 Culatello。

庫拉泰洛
不是火腿

庫拉泰洛‧齊貝洛是甚麼？為什麼它默默無名，卻有許多歐洲王公貴族、米其林三星主廚和真正的美食家，爭相品嘗！

要了解庫拉泰洛是甚麼？首先要了解三件事；
第一：庫拉泰洛不是火腿。
第二：庫拉泰洛真的不是火腿。
第三：沒錯，庫拉泰洛是庫拉泰洛 Culatello；
火腿是火腿 Prosciutto，真的不要懷疑。

許多中、英文的專業書籍和報章雜誌會把庫拉泰洛稱為火腿，但是對於許多義大利佬和專業庫拉泰洛的工匠來說，把庫拉泰洛和火腿畫成等號是不可思議的事。

根據當地居民代代相傳的記憶和說法，據說，早在西元 1332 年，在當地貴族，安德里亞‧德‧孔蒂‧羅西 (Andrea dei Conti Rossi) 和喬瓦娜‧德‧孔蒂‧桑維塔 (Giovanna dei Conti Sanvitale) 的婚禮宴會上，就出現庫拉泰洛了。而在官方的記載中，位於帕爾馬市政府的文獻中，第一次正式提及庫拉泰洛，可追溯到西元 1735 年。

在那個年代，庫拉泰洛是臣民向皇室展示忠誠的最佳貢品；進貢庫拉泰洛，也是向皇室表示忠誠的最佳保證。在當時，庫拉泰洛是可以拿來投資和交換物品的重要有價食材。

生產庫拉泰洛
齊貝洛的小村莊
波萊西內‧帕爾門塞
人口不到 1600 人
從村莊的入口到出口
不到 200 公尺
非常寧靜的小村莊

根據庫拉泰洛‧齊貝洛的公會 (Consorzio del Culatello di Zibello) 介紹；庫拉泰洛是一種使用豬臀部附近的肉醃製的義大利醃肉，也被稱為義大利醃肉之王，目前全世界只有 23 家莊園可以生產庫拉泰洛‧齊貝洛。

庫拉泰洛‧齊貝洛受到嚴謹的歐盟原始產地名稱保護法 (Denominazione Origine Protetta / DOP) 保護和管制，法律中嚴格的規定，全世界只有義大利 8 個位於波河附近的小村莊，才能夠生產庫拉泰洛‧齊貝洛。

這 8 個小村莊分別是 Busseto，Polesine Parmense，Zibello，Soragna，Roccabianca，San Secondo，Sissa 和 Colorno。

這幾個小村莊的氣候特點是冬季漫長而寒冷，而且多霧潮濕；夏季則是陽光明媚，而且炎熱濕悶。整年的溫差巨大，這些獨特的氣候是因為波河和這裡特有的地理位置所帶來的獨特風土條件；濃厚的霧氣、乾燥和潮濕的交替更迭，以及溫度的巨大變化，才能滋養自然風乾熟成時，所需的豐富微生物，加上時間的淬鍊，耐心的等待、細心的照顧，以及工匠一身高超工藝。唯有具足以上條件，才能賦予它們獨特的風味和香氣，造就出獨特的歐洲傳奇「The king of Salumi，Culatello di Zibello」。

Trentino-Alto Adige

Lombardia

Valle d'Aosta

Friuli–Venezia Giulia

Piemonte

Veneto

Formaggio

Emilia Romagna

Campania,
Emilia Romagna

Liguria

Toscano

Marche

Umbria

Abruzzo

Molise

Lazio

Puglia

Sardegna

Campania

Basilicata

Sicilia

Calabria

8.

起士

誰是起士界的王者？

帕米加諾起士 DOP 中的珍稀

百用起士 水牛乳摩佐瑞拉起士

頂級的帕米加諾
品嘗起來沒有過多的刺激
卻像聆聽一場精采的交響樂
高潮迭起
層次豐富而多變
但又沒有過多的刺激感官

誰是
起士界的王者?

Il re del Formaggio

　　帕 米 加 諾 (Parmigiano-Reggiano DOP)
被尊稱為起士界的王者,也被許多老饕視為歐洲
的傳奇食材。對於我個人來說,帕米加諾一直是
我最喜愛的起士之一,當然也是我們餐廳使用率
最高的起士,我一直覺得帕米加諾是一個低調又
深具內涵的王者。

　　30 年前,剛踏入餐飲業時,年輕時的我對於
大部分的歐洲進口食材都非常陌生和好奇。那時
一直把美國或澳洲的帕馬森 (Parmesan) 起士,
混同於真正來自義大利小鎮帕瑪 (Parma) 的帕
米加諾 (Parmigiano Reggiano) 起士。

　　直到現在,在台灣還是有很多人會把產自於
美國、澳洲、紐西蘭工廠化的低價帕馬森起士,
和真正高品質的帕米加諾起士混為一談。雖然
Parmesan 是帕米加諾 Parmigiano-Reggiano
DOP 的英文和法文,不過對於一些我認識的義大
利同學和朋友來說,把帕米加諾 Parmigiano-

Reggiano DOP 起士和帕馬森 Parmesan 起士畫成等號是很不以為然的，對他們來說帕馬森是美國、澳洲、或其他國家所生產的仿冒帕米加諾起士，而這些仿冒品和真正 DOP 等級的帕米加諾起士的品質相差甚遠。

帕米加諾起士在年輕的時候，它的花果香氣輕柔而舒適，伴隨著淡淡的乳酸菌香味。經過一段時間熟成後，有時會有驚喜的水蜜桃、鳳梨、荔枝味伴隨著空氣慢慢散開。隨著歲月的推移，細緻而典雅的花果香氣漸漸轉為層次多變的堅果香氣，且帶有砂質的溫潤口感，隨著時間的積累香氣越來越明顯。頂級的帕米加諾品嘗起來沒有過多的刺激，卻像聆聽一場精采的交響樂，高潮迭起，有遠景、有近景；層次豐富而多變，但又沒有過多的刺激感官。

帕米加諾起士有一種特別的沙質口感（有點像西瓜的沙質口感，只不過帕米加諾起士的口感較硬），在義大利把這種口感稱為 Grana，這種用牛奶製作並帶有砂質口感的起士，在義大利稱為格蘭起士 (Formaggio Grana)。雖然這些起士和帕米加諾起士有類似的口感，但是只有符合歐盟 DOP 帕米加諾起士的法規，所製作出的格蘭起士才能稱為帕米加諾起士 (Parmigiano-Reggiano DOP)。

　　另外一提，雖然帶有顆粒般沙質感的格蘭起士數量眾多，但是「格蘭 Grana」這個名詞已經不能隨意使用了。歐盟為了保護「格蘭 Grana」這一名詞，已經立法保護，目前在歐盟，只有帕達諾起士 Grana Padano DOP 可以使用「Grana」一詞出售。儘管義大利北部有許多格蘭起士，尤其是倫巴第河谷 (Lombardy) 到埃米利亞波河谷 (Emilia Romagna)，這一帶產量最多，其中有許多知名的格蘭起士；例如 Formaggio Trentingrana DOP 、Valgrana Rormaggio Piemonte，雖然這些都是具有高品質的格蘭起士，但在歐盟的法規下是不能以格蘭「Grana」一詞出售，更不能以帕米加諾起士 (Parmigiano-Reggiano DOP) 的名稱行銷和買賣。

　　話說帕米加諾 Parmigiano-Reggiano DOP 起士，和帕瑪火腿 Prosciutto di Parma DOP 火腿，一個被譽為「起士之王」，另一個則被譽為「義大利火腿之王」。這兩種美味食材，因為它們的高品質和高知名度，理所當然的被稱為「歐洲傳奇」，其實這兩種傳奇都來自義大利帕瑪，如此可以想像帕瑪在美食圈的地位了。

　　第一次親臨帕瑪時，才發現這裡的人口和觀光客並不多，走在街區中完全沒有擁擠的感覺，非常舒服，當地的特色料理也很美味，所以到訪一次後，就變成每年的必訪之地。原本以為這會

皮洛塔宮
一個讓人
不自覺就會
放慢腳步的地方

位於帕瑪市區的
皮洛塔宮 Palazzo della Pilotta

是一個非常熱鬧的小城鎮，因為帕瑪小鎮在美食界中名聲非常響亮，不管是「起士之王」帕米加諾起士，還是被譽為「義大利火腿之王」的帕瑪火腿，都來自於帕瑪小鎮，所以想當然的以為帕瑪應該是許多美食愛好者的必訪之地，饕客會從世界各地不斷湧入，後來才發現其實不然。

帕瑪小城鎮的面積不大，人口不到 20 萬，一直是我很喜歡的歐洲小城鎮。觀光人潮不多，環境乾淨，又有美味的地方料理和想到就令人垂涎三尺的起士和火腿，以及步行就可以逛完所有重要景點的優點。

秋季時分，走在具有千年歷史的帕瑪小鎮上，有一種慵懶的舒適感，氣候通常非常清爽，不冷不熱。坐在擁有 5 百年歷史的宮殿前的樹蔭下，很容易不自覺打起哈欠來，是一個會讓人自然放慢腳步，靜心體會當地的生活文化和慢慢享受當地美食的古老小鎮。

帕米加諾起士用途很廣，可以單獨享用、配沙拉或搭配義大利麵、燉飯，各種料理都適合，還可以和臨近小鎮摩典娜所產的義大利傳統釀造香醋一起享用。

在帕瑪，發現當地的商家會專賣帕米加諾起士的硬皮，後來才了解，當地人會使用帕米加諾

帕米加諾起士
搭配義大利傳統釀造香醋
是當地的經典吃法

起士的外表硬皮料理各種菜餚，例如：醬汁、烤蔬菜、燉飯，使用起士的堅硬外皮料理，會增加享用餐點咀嚼時的層次感。

我們很喜歡當地一家傳統餐廳的燉飯，他們使用帕米加諾起士的硬皮料理燉飯，這些起士的外表硬皮並沒有和燉飯一起燉煮太久，還保留其完整性，所以在享用這些燉飯時，時不時會品嘗到這些因為加熱後口感變的軟中帶 Q 的美味，為整道料理增添許多驚喜。

在台灣，我發現許多人並不喜歡帕米加諾起士的外皮，如果你也是其中之一，或許可以嘗試將這些硬質的外皮切成丁狀，加入燉飯一起燉煮，說不定從此會愛上帕米加諾起士的外皮呢？

「起士之王」帕米加諾製作過程

很難想像 550~600 公升的牛乳，只能製作出一顆「起士之王」帕米加諾。製作帕米加諾的牛奶的乳牛來源，只能以有機植物飼養，製作過程中不能有任何化學添加劑，每一顆帕米加諾都要經過嚴格的檢驗，如此嚴謹的製造過程才能造就起士界的王者。

每天一大早，這些傳統的起士工匠開始一天的行程，也就是將 550~600 公升的牛乳，造就成「起士之王」帕米加諾的生產過程。

第一次加熱 / 凝乳 / 切割

將當天早晨和前一天晚上大約 1100~1200cc 的牛奶，倒入傳統的鐘形銅鍋爐中加熱至 36~38 度 C，再倒入天然凝乳酶和天然乳酸發酵液的乳清，這時候牛乳開始轉變成凝乳，之後使用一種古老的工具 Spino，將凝乳切割成小顆粒米狀。

第二次加熱

開始第二次加熱，將溫度提高至 55 度 C，等到這些細小的凝乳顆粒達到所需的軟硬度，關火靜置。第二次加熱是形成帕米加諾起士的沙質口感的重要因素。

圖1

圖2

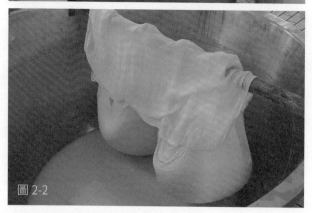

圖3

圖2-2

圖4

靜置成型

　　這些細小的凝乳顆粒已經轉為起士，大約靜置 50 分鐘。靜置過程中，眾多的小顆粒起士會慢慢沉積到鐘形銅鍋爐底部，漸漸形成一顆大起士團。（見圖 1）

切割

　　形成一顆大起士團後，使用亞麻布製成的起士布巾，將大起士團撈起，並切割成兩顆起士。（見圖 2）（見圖 2-2）

第一次塑形

　　將起士使用亞麻布包裹，並將其放在模具中靜置放水，開始第一次塑形成圓形，並貼上 QR Code。（見圖 3）

第二次塑形

　　將第一次塑形後的圓形起士移至鼓型不銹鋼的模具，開始第二次塑形，這時模具會塑成鼓型，並給予起士在外觀 Parmigiano Reggiano 的字樣。（見圖 4）

鹽水浸泡

　　將起士浸泡於高飽和的鹽水溶液約 20 天，通過鹽水的滲透作用，帕米加諾起士結束第一階段的製作過程，外表會形成一圈保護硬皮，並開

圖 5

圖 6

圖 7

圖 8

圖 5,8,9,10
圖片來自帕米加諾起士公會網站
Parmigiano-Reggiano Cheese Consortium

始第二階段的製作過程，熟成。（見圖 5）

熟成

　　將起士轉移到起士熟成窖，開始熟成，這個階段是決定帕米加諾起士品質的重要步驟。依據法規：帕米加諾起士 Parmigiano-Reggiano DOP，必須熟成 12 個月以上。（見圖 6）

翻轉

　　帕米加諾起士熟成的過程中要經常翻轉，這是無人自動翻轉起士的機器，感覺很像超大型的自動掃地機器人，只不過它是用來翻動起士。（見圖 7）

檢驗

　　帕米加諾起士檢驗專家會以錘子敲打起士，用聲音辨識起士是否有任何品質缺陷。（見圖 8）

烙印

　　通過檢驗後，帕米加諾起士公會授予公會烙印認證。（見圖 9）

　　不符合 DOP 品質要求的起士 會劃線或抹去 Parmigiano-Reggiano 標記。（見圖 10）

圖 9

圖 10

帕米加諾起司外表為鼓型
直徑 35 至 45 公分，高約 20 至 26 公分
外觀顏色為天然稻草色
熟成的過程中，為了讓風味均勻
要經常上下翻轉

帕米加諾起士
DOP 中的珍稀

Sono un debole, ho la forza di volontà
di un sorcio davanti al formaggio.

　　大部分人的印象中，帕米加諾起士 DOP 只
有一種，其實帕米加諾起士 DOP 的種類多樣，
但都必須遵照歐盟的法規製作，製作方式非常相
似，也都可以稱為帕米加諾起士 DOP，只是使用
的乳源不同，製作完成後的風味也有很大的不同。

　　在義大利，常見的帕米加諾起士 DOP 是以
荷斯登的牛乳製作，約占所有帕米加諾起士 DOP
的產量 95%，還有以其他牛種的乳源為原料的帕
米加諾起士 DOP，這些起士非常特別，產量也
非常稀少（大概只佔所有帕米加諾 DOP 產量的
3~5%），就連有些住在義大利南方的義大利朋
友都沒嘗過。口感比一般的帕米加諾更為濃郁，
熟成的時間更長久，通常只能在帕瑪附近的地區
才能發現他們的蹤跡，離開這個區域就不容易找
到它們了。

　　在歐盟，對於真正的帕米加諾起士
(Parmigiano-Reggiano DOP) 有非常嚴謹的

帕米加諾起士切割後的內部質地
外皮厚度約 6 公分
內部為細粒狀、砂質感
結晶質地分裂

法律規範，從生產地點、使用的牛乳、乳牛的飼養方法、製作的器具、製作的手法、熟成的方法，熟成的時間，起士的外型、大小、重量以及檢驗的方法，都有詳細的規定。

根據歐盟的法規以及義大利帕米加諾起士公會 (Parmigiano-Reggiano Cheese Consortium) 的規定，帕米加諾 Parmigiano-Reggiano DOP 是屬於 PDO 等級的硬質起士，帕米加諾 DOP 必須在義大利北部波河 (Po river) 和雷諾河 (Reno river) 之間的帕瑪省 (Parma)、雷焦艾米利亞省 (Reggio Emilia)、摩德納省 (Modena)、以及部分的曼圖亞 (Mantua) 和部分的波隆納 (Bologna) 地區才能生產 Parmigiano-Reggiano DOP，其它地區所產的起士都不能冠上這個名稱。

帕米加諾 DOP 必須具有以下特徵：
◎外表為圓柱形，略微凸起，上下為平直的表面。
◎外表尺寸為平面直徑 35 至 45 公分，側面高度 20 至 26 公分。
◎每個帕米加諾的最小重量為 30kg。（以我個人的經驗，市面上最常見為 36~40kg）
◎外觀顏色為天然稻草色。
◎內部的顏色為淺稻草色至稻草色。
◎香氣和口感：香氣濃郁，細膩，味道鮮美，但不刺激，不辛辣。

◎切割後的內部質地：細粒狀，砂質感，分裂成不規則條狀。

◎外皮厚度：約 6 公分。

◎乾物質脂肪含量：最低 32%。

◎必須熟成 12 個月以上。

　　帕米加諾起士 DOP 有兩種主要的分類方式，一種是以海拔高低區分，一種是以使用的牛乳區分。

一、以海拔高低區分

◎帕米加諾起士 Parmigiano-Reggiano DOP：

　　一般常見的帕米加諾起士，製作起士的乳源，來自海拔 600 公尺以下的地區出產的乳牛，約占所有帕米加諾起士產量的 95%。

◎山區帕米加諾起士 Parmigiano-Reggiano Terre di Montagna DOP：

　　Montagna 在義大利文為「山」的意思。依據法規「山區」帕米加諾必須符合一般帕米加諾 DOP 的法規外，所有牛奶的乳牛必須生長在海拔 600 公尺以上的山區，乳牛所食用的牧草必須 60% 以上來自山區，製作起士的過程和熟成起士的過程也都必須在山區。

二、以使用的牛乳區分

◎帕米加諾起士 Parmigiano-Reggiano DOP：

　　以荷斯登牛 Holstein 的牛乳製作，約占所

義大利最古老的原生牛種
芮加納紅牛
圖片來自帕米加諾起士公會網站
Parmigiano-Reggiano Cheese
Consortium

有帕米加諾 DOP 產量的 95%。

1950 年代，來自荷蘭的荷斯登乳牛 (Holstein，在當地稱為 Friesian) 開始引進義大利，荷斯登乳牛的牛乳產量，比當時義大利其他牛種的牛乳產量高出許多，大約高出 1/3 的產量，加上第二次世界大戰後，整個義大利因為戰敗，導致經濟蕭條、物資缺乏。因此荷斯登乳牛引進後，便在整個義大利快速崛起，在很短的時間內達到 95% 的比例，如此快速的成長，衝擊到當時義大利原生牛種和傳統牛種的養殖，導致許多牛種，在義大利都瀕臨滅種的危機。

荷斯登乳牛的牛乳產量雖然比義大利其他牛種的牛乳產量高出許多，但是牛乳的酪蛋白含量卻遠遠低於其他牛種，因此荷斯登牛乳所製的起士之王較不適合熟成，法規是必須熟成 12 個月以上，但是市面上熟成時間通常以 24 個月 為主，36 個月為輔，很少有超過 36 個月以上的熟成時間。

◎ 芮加納帕米加諾起士 Parmigiano Reggiano DOP Vacche Rosse：

100% 以芮加納紅牛 (Reggiana) 的牛乳製作。芮加納紅牛是義大利最古老的原生牛種，在義大利曾經瀕臨滅種的危機。Vacche Rosse 在義大利文是紅牛的意思，在帕米加諾的產區，紅牛通常指的就是芮加納紅牛。

芮加納紅牛的牛乳
擁有高含量的酪蛋白
適合長時間熟成

瑞士高山棕牛的帕米加諾
更耐熟成和久藏

　　芮加納帕米加諾 DOP 不單單只是風味特別，而且產量非常稀少，目前全世界只有兩家起士廠生產。

　　經過多年的研究發現，芮加納牛乳的酪蛋白含量遠遠高出荷斯登牛乳，因此芮加納牛乳所製的起士之王更適合熟成，更耐放，所以 Parmigiano Reggiano DOP Vacche Rosse 在市面上很容易發現 48 個月以上的熟成時間，記憶中最長的熟成時間是 90 個月，但是相當稀有量少。

　　從法規上也可以很容易了解到，芮加納牛乳所製的起士之王更適合熟成，依據法規，荷斯登乳牛的帕米加諾 DOP 必須熟成 12 個月以上，而芮加納紅牛的帕米加諾 DOP 必須熟成 24 個月以上。簡單的從外觀上觀察，芮加納的起士之王顏色比起荷斯登牛的起士之王還要深，帶有更深的稻稈黃顏色，表面的沙質感也更為明顯，堅果的香氣更為濃郁。

◎高山棕牛帕米加諾起士 Parmigiano Reggiano DOP di sola Bruna：
　　所使用的牛乳必須 100% 來自於瑞士高山棕牛 Bruna Alpina。記憶中，在瑞士求學期間，很容易在瑞士的山坡上看到瑞士高山棕牛在其間漫步。依據記載，瑞士高山棕牛於 1850 年代由

草原上的
摩德尼斯白牛
Bianca Modenese

熟成 84 個月
的摩德尼斯帕米加諾起士
它的熟成時間非常長
通常都是歷經 72 個月以上
的熟成時間
甚至有熟成 10 年的

瑞士引進義大利，1950 年代數量達到最高峰，但在荷斯登乳牛引進義大利之後，導致養殖數量急遽減少，如今只有義大利中北部地區還有少數豢養。這些少量的牛乳幾乎絕大部分都用來生產高山棕牛帕米加諾 DOP，其口感介於荷斯登牛和芮加納紅牛所生產的帕米加諾之間，和荷斯登牛的帕米加諾相比，瑞士高山棕牛的帕米加諾更耐熟成和久藏。

◎摩德尼斯帕米加諾起士 Parmigiano Reggiano Biologico di Bianca Modenese：

　　使用 100％來自於摩德尼斯白牛 Bianca Modenese 的乳源。摩德尼斯白牛也曾經因為荷斯登乳牛引進，導致瀕臨滅種的危機。在傳統的年代，摩德尼斯白牛是一種多用途的牛種，不管是在田間的勞動、起士的乳源，以及餐桌上的肉類，白摩德尼斯牛都是一個非常好的選擇。

　　由於摩德尼斯白牛的脂肪和酪蛋白含量，都比荷斯登乳牛高出許多，因此摩德尼斯帕米加諾起士的熟成時間都非常長，通常都是歷經 72 個月以上的熟成時間，有些甚至熟成高達 10 年的時間。

水牛乳摩佐瑞拉起士
的使用非常廣
從沙拉、披薩、義大利麵、燉飯
烤物到主菜都可以發現
摩佐瑞拉起士的蹤跡

百用起士
水牛乳摩佐瑞拉起士

Delicatezza, originale

　　摩佐瑞拉起士 (Mozzarella)，一種我們台灣人最沒有距離，最容易接受的義大利起士，也是在義大利最常見的起士之一。在我們餐廳摩佐瑞拉起士的用量也非常高，從沙拉、披薩、義大利麵、燉飯、烤物到主菜都可以發現摩佐瑞拉起士的蹤跡。

　　摩佐瑞拉起士的種類眾多，簡單說，它是一種新鮮起士，完全沒有經過熟成，品嘗起來濕軟且帶有牛乳的天然香氣，沒有那種熟成起士的濃郁風味，是一種大人小孩都很容易愛上的起士。

　　水牛乳摩佐瑞拉起士 Mozzarella di Bufala Campana DOP 是唯一獲的 DOP 認證的摩佐瑞拉起士，也是世界上少數用水牛乳製作的起士，更是唯一使用 100% 水牛乳製作的摩佐瑞拉起士。

　　我在拿坡里學習廚藝的那段日子，發現拿坡里同學對於摩佐瑞拉起士的新鮮度要求相當高，

尤其是當他們直接食用摩佐瑞拉起士或簡易的拌沙拉時，他們特別不喜歡使用隔日的摩佐瑞拉起士。對於他們來說摩佐瑞拉起士的保存期限，不到 24 小時，當日生產，當日就要食用完畢，否則摩佐瑞拉起士的風味會不斷流失，這也就是為什麼，我們同學會一直嫌棄在義大利中北部買的摩佐瑞拉起士平淡無味。因為起士如果是從南方運送過去，通常到末端商家已經超過 24 小時了，雖然法定新鮮的水牛乳摩佐瑞拉起士保存期限有 7 天，不過，對他們來說超過 24 小時的新鮮水牛乳摩佐瑞拉起士就已經是「死去的起士」了。另外如果是中部或北方當地所產的摩佐瑞拉起士，通常使用的乳源為一般荷仕登 (Holstein) 牛乳，而不是水牛乳，對於我那些義大利南方同學來說，兩者有著非常不一樣的風味。

　　在我們學校旁有一間義大利傳統超市，有時候午餐時間，我們全班同學會一起到超市買午餐的食材。這間超市和大部分其他地區的超市一樣，裡面設有起士舖、火腿舖，有時會有些隔夜的新鮮水牛乳摩佐瑞拉起士在做特價，通常為5折的特價（這種隔天就對折的情況，在中北部的義大利我從沒見過）。剛開始我拿起這些只度過一天就特價的水牛乳摩佐瑞拉起士時，開心的對同學說：「才經過一天就對折了，好划算喔！」其中一位年輕拿坡里同學，有點鄙夷的看著隔夜水牛乳摩佐瑞拉起士對我說：「不要拿，那很難吃！」。結果其他同學一擁而上，開始對著我說，隔夜的水牛乳摩佐瑞拉起士有多麼不好，本來滿心開心，以為撿到便宜的我，只好把隔夜的水牛乳摩佐瑞拉起士默默地放回原位，這時同學們才安心的一哄而散。這種對於水牛乳摩佐瑞拉起士新鮮度的在乎程度，是我在義大利其他地區沒遇過的，我想應該只有拿坡里人才會這麼在乎吧！

　　對於我那些同學來說，他們寧可吃當日新鮮的水牛乳摩佐瑞拉起士，也不願為了特價而買隔日的水牛乳摩佐瑞拉起士。這件事給我的感受是，雖然義大利南方人，做事都很隨興，臨時想怎麼做就怎麼做，想休息就休息，但是一旦和吃的有關聯，瞬間就和當地的水牛拗起來一般，變得非常堅持和固執！特別是拿坡里人，做事真的很隨興，這樣寫，被那些同學看到，不知道會不會被碎念一番。

　　結束拿坡里的廚藝課程後，我們轉往義大利北方的城市，因為已經在拿坡里養成天天吃摩佐瑞拉起士的習慣了，所以很自然地也買摩佐瑞拉起士回飯店當消夜吃，當下吃到摩佐瑞拉起士就很納悶，明明是以前很喜歡的起士廠所出產的摩佐瑞拉起士，以前覺得很不錯的口感，怎麼現在變得這麼平淡無味，而且味道完全走樣。剛開始我還不相信，重複

崁帕尼亞大區的
波西塔諾 (Positano) 海岸

確認包裝袋好幾次,是否有買錯品牌,那時才體會到,為什麼我那些拿坡里的同學,離開坎帕尼亞 (Campania) 大區後,就不會再買摩佐瑞拉起士了。到了隔天我還不想放棄,想想,風味真的有差別那麼多嗎?以前覺得很好吃啊,怎麼現在口感變成這樣,是不是心理因素導致的。後來我又買了兩種不同起士廠的摩佐瑞拉起士,其中一包還是來自於當地小農的當日現做起士,結果還是兩包索然無味的摩佐瑞拉起士。事後為了這件事,我被我們家的呂太太整整碎念了 3 天,因為我們花了 3 天才把那些起士勉強吞完。那陣子,只要我們踏入起士舖、火腿舖或是超市,我太太就會在旁邊一直耳提面命,不要再買摩佐瑞拉起士了,不要再買摩佐瑞拉起士了,重複好幾次。自從那件事之後,我們在歐洲的日子,除了在坎帕尼亞大區,就很少在其他地方買摩佐瑞拉起士了。

摩佐瑞拉起士在世界上許多國家都有生產,但是它的原始產地是來自於義大利南方的坎帕尼亞大區。我們到義大利南方卡拉布里亞大區 (Calabria),參加義大利傳統起士工匠的課程,學習如何以手工製作傳統義大利起士才真正了解,摩佐瑞拉起士是許多種起士的基礎起士。

許多起士在製作過程中,會先製作出摩佐瑞拉起士,再發展成其他種類的起士,也可以說,摩

卡拉布里亞大區的海岸
義大利南方有許多人
都非常喜歡海邊
我們邀請老師和同學們
來台灣觀光
他們竟然異口同聲問
「台灣有海岸嗎？」
他們不知道我們台灣是島國嗎？

老師傅以非常熟稔快速的動作
將摩佐瑞拉拉平展開

用整個手掌將起士壓縮在掌心
並用食指和拇指壓縮靠攏在一起
以此切斷起士

佐瑞拉起士是許多種硬質起士的「起士之母」,例如:起士之王帕米加洛 (Parmigiano Reggiano DOP)、格拉娜‧帕達諾起司 (Grana Padano DOP)、蒙塔西奧起士 (Montasio DOP)、艾斯亞格 (Asiago pressato DOP),當然不只是以上這些,還有許許多多其他種類的起士也是以摩佐瑞拉起士為基底,再發展成各種各樣的起士。

卡拉布里亞大區的海岸,義大利南方有許多人都非常喜歡海邊,我們邀請老師和同學們有機會來台灣觀光,他們竟然異口同聲問「台灣有海岸嗎?」他們不知道我們台灣是島國嗎?

摩佐瑞拉起士 Mozzarella 這個單字的起源有許多說法,根據其中一說:Mozzarella 是來自 mozzare 這一個單字,mozzare 的原義為切割或切斷的意思,這剛好和製作 Mozzarella 時,用整個手掌將起士壓縮在掌心,並用食指和拇指壓縮靠攏在一起,以此切斷起士的用意是一樣的。

義大利傳統起士工匠製作摩佐瑞拉起士,手工製作摩佐瑞拉要非常能耐熱,而且動作要敏捷,必須在大約 60℃ 的溫度下操作,要以非常熟稔快速的動作,將摩佐瑞拉拉平展開,如果速度太慢摩佐瑞拉會變硬,而無法展開,這個動作也是取決摩佐瑞拉外表是否光滑,質地是否如絲綢般細膩的主要原因。

水牛乳
摩佐瑞拉起士
DOP

據傳十二世紀以來，對於水牛乳摩佐瑞拉起士Mozzarella di Bufala就開始有文獻記載了，最早出現在義大利南方小鎮卡不亞 (Capua) 的聖洛倫索修道院 (San Lorenzo)。那時水牛乳摩佐瑞拉起士被稱為 Mozza 或 Provatura。

水牛乳摩佐瑞拉起士
使用 100% 的水牛乳製作
不能混合其他乳源

水牛，據傳是十世紀由摩爾人 (Moors) 傳入西西里島 (Sicily)，之後再轉傳到義大利南方。那時義大利南方有許多地區是溼地或沼澤地，水牛非常喜歡和適應這種環境，在這些濕地也能行動自如，所以剛開始水牛只是做為運輸工具，水牛乳在當下也只是副產品。

摩佐瑞拉起士這個單字最早出現在十六世紀的 70 年代，那時天主教教皇的御廚，巴托洛米奧·斯卡皮 (Bartolomeo Scappi) 在他的著作中首次出現「摩佐瑞拉起士」一詞。

水牛乳摩佐瑞拉起士保護聯盟公會(Consorzio Tutela Mozzarella di Bufala Campana DOP) 成立於西元 1981 年，之後，於西元 1996 年，水牛乳摩佐瑞拉起士 (Mozzarella di Bufala Campana DOP) 獲得歐盟頒予原產地名稱保護標識證明 (Denominazione di Origine Protetta, DOP)。

依照歐盟第 1107/96 號的法規，水牛乳摩佐瑞拉起士 Mozzarella di Bufala Campana DOP 必須符合以下規定：

1	製作水牛乳摩佐瑞拉起士 Mozzarella di Bufala Campana DOP 的乳源，必須是 100%水牛乳。
2	水牛乳摩佐瑞拉起士 Mozzarella di Bufala Campana DOP 的製作和水牛乳來源區域，必須來自以下產區： ◎ Campania ◎ Lazio ◎ Puglia ◎ Molise
3	水牛生乳必須經過巴氏德殺菌法才能開始製作水牛乳摩佐瑞拉起士。
4	水牛乳脂肪含量最低為 7.2%。
5	第一階段凝乳只能添加天然乳清。
6	水牛乳蛋白質含量最低為 4.2%。
7	第二階段的凝乳劑只能使用天然的小牛凝乳酶。
8	不能添加防腐劑、色素，及非自然添加劑。
9	水牛乳摩佐瑞拉起士 Mozzarella di Bufala Campana DOP 的外觀須具備： ◎形狀：除了圓形外，還有其他形狀，例如花絮、辮子、小圓珠、櫻桃、繩結、蛋型 ◎重量：一般為 10～800g，但是編織形狀的起士，重量可以較高，但是不能超過 3000g
10	表面：瓷白色，表皮要薄，約 0.1 公分，表面要光滑，而且不黏手，沒有破裂。
11	表皮內的結構：要像葉片的般的結構，一片一片的片狀，在製作後的 8 到 10 小時後會變得略有彈性，表面不能有異常發酵所引起的孔洞。
12	將水牛乳摩佐瑞拉起士 Mozzarella di Bufala Campana DOP 切成小塊時，顏色為淡白色，外觀帶一點點糊狀，聞起來有一點乳酸發酵的氣味。
13	風味：細膩而優雅。
14	水牛乳摩佐瑞拉起士 Mozzarella di Bufala Campana DOP 的脂肪含量：不能低於 52%。
15	濕度：不能大於 65%。

美味其實可以很簡單
義式摩佐瑞拉起士沙拉

在我的最早印象中，一直以為義大利人吃生菜沙拉時最簡單的手法就是加入鹽、義大利陳年香醋（或是檸檬）和橄欖油。不過，直到我在義大利拿坡里進修廚藝後，才完全顛覆原本的認知。其實這種印象的吃法，在義大利的許多觀光景點是完全符合的，但是當我越來越深入了解義大利當地人的飲食文化時，我才發現拿坡里當地人，食用沙拉的方式更為簡單，只以鹽簡單調味拌勻，再加入橄欖油，這樣就可以是一道料理了。

當我踏上義大利拿坡里後，開始和義大利同學們一起吃、一起喝、一起學習、一起享受義大利生活時，才慢慢理解義大利拿坡里人對於料理的理念，是一種完全以尊重食材本身的味道為出發點。崇尚自然，沒有過多的調味，沒有繁雜的料理手法，以呈現食材本身的美味為目的，有的只是食材與食材本身的對話後所呈現出的質樸美味。讓人品嚐完這種簡易美味後，可以從心靈深處感受到一種很怡然的幸福，或許這也是一種小確幸吧！

在我的義大利同學中，有一位同學每天的午餐總是一盤簡易的沙拉加上幾片火腿，有時也會在只以鹽和橄欖油調味的沙拉上，加入一些當天的摩佐瑞拉起司。我個人非常喜歡這樣簡易的料理，簡單、省事卻很有自然的美味。這種簡單的美味沙拉也是我在義大利最常吃的沙拉，不過我個人為了讓這道沙拉更為清爽開胃，我通常會再

擠入一些當地的檸檬。

在台灣，也可以很容易享受到這種自然樸實的美味，以下的做法非常簡單，只要幾分鐘就有一道濃濃義大利南方風味的沙拉可以享用了。

享受美味也可以很簡單喔！現在就開始做吧

南義風摩佐瑞拉起士沙拉

食材

1. 美生菜 iced berg lettuce：適量

2. 羅曼生菜 romaine lettuce：適量

3. 羅拉生菜 Lola Rosa Lettuce：適量

4. 芝麻葉 arugula：適量

5. 小番茄 cherry tomato：5(對切)

6. 橄欖油 virgen extra olive oil：適量

7. 海鹽 salt：適量

8. 檸檬 lemon：半顆

9. 摩佐瑞拉起士 mozzarella cheese：
適量 (撕成一小塊一小塊)

做法

1. 將食材 a~g 一起攪拌均勻。

2. 擠入一些檸檬。

3. 撒上摩佐瑞拉起司。

4. 裝盤上菜

Pasta
tradizionale
Roma, Lazio

9.

義大利麵

義大利經典的樸實美味

一道被世界誤解的義大利經典料理

Pasta al Burro e Parmigiano
外表非常樸實簡潔
風味直接溫和
卻是能撫慰人心
讓人一口接一口的
義大利溫馨家鄉味

義大利經典的
樸實美味

Semplice, buono e delizioso

回想起和真正美味的「帕米加諾起士奶油義大利麵」Pasta al Burro e Parmigiano 相遇的過程並不順利。

第一次和帕米加諾起士奶油義大利麵邂逅，是在多年前的義大利拿坡里廚藝學習之旅，那時和義大利同學一起叫外送。同學幫我點了一道帕米加諾起士奶油義大利麵，並告知我「這是一道義大利中北部人常吃的家常料理」，我滿臉狐疑的看著他，他似乎很快就理解我的疑惑，漫不經心地回答我：「你每天都喊著要品嘗拿坡里地方傳統菜，可是你已經在拿坡里好幾個星期了，我想也應該換換義大利其他地區的傳統料理了。」就這樣有點莫名其妙地和帕米加諾起士奶油義大利麵不期而遇。

什麼是「帕米加諾起士奶油義大利麵」？其實這是一道非常樸實的料理，使用的食材很簡單：義大利麵（大部分的義大利麵都適用，不過還是

以 Spaghetti、Fettuccine 最受歡迎）、奶油 Butter（不是鮮奶油 Cream）、 鹽，和起士之王帕米加諾起士 Parmigiano Reggiano。

義大利的帕米加諾起士是帕米加諾起士奶油義大利麵的主要食材，不能以美國或其他國家所產的帕瑪森起士 (Parmesan) 替代。

做法是，將煮好的義大利麵（不須瀝乾）與切成丁狀的奶油混合均勻，再加入帕米加諾起士再次混合均勻。之後加入適量的煮麵水攪拌均勻，即可盛盤，享用前再灑上粉狀的帕米加諾起士，然後趁熱一口氣把它吃完。

話說，使用的食材雖然樸實，料理手法很簡單，但是口感卻很美味。

想像一下，鮮嫩泛著油光的奶油，加上風味豐富的帕米加諾起士，遇熱後所產生的天然乳脂香氣，再加入適量的煮麵水，讓整盤麵的口感更為滑嫩如絲綢。

住在義大利北方的同學告訴我：帕米加諾起士奶油義大利麵是許多義大利人小時候的共同回憶，也是義大利小孩都很喜歡的家常料理，就算現在已經長大了，有時偷懶不想下廚時，或者突然很餓時，他都會煮這道簡易快速但是很美味的

義大利麵（我個人覺得這個概念，有點像我們台灣人煮泡麵的概念）；而我住在義大利南方的同學，表情有點不以為然的說，那是北方人的吃法，我們南方人喜歡更天然健康美味的橄欖油香蒜義大利麵（Spaghetti Aglio e Olio），如果想吃辣，還可以變化為辣味香蒜義大利麵（Spaghetti olio aglio peperoncino）。

每次和義大利同學們聊到義大利料理，特別是和義大利南方人，總會有誰家的料理比較好吃，哪一種作法才是真正的傳統做法，我家老媽的做法是如何如何美味，我老媽的料理更好吃，諸如此類的對話隨時都可能上演。通常這個時候，我只能默默的、靜悄悄地閃到角落去。說真的，剛開始還真的有點不習慣，不過久了之後，我發現這或許是義大利人生活中的另一個樂趣。話雖如此，有時還真的很誇張，吵到每個義大利同學都不歡而散，但是到了用餐時間，同學們圍在餐桌旁又是一陣陣的歡樂聲，完全忘了剛剛的爭吵，哈哈！我發現這或許是義大利人生活中的另一個樂趣。

對於我許多義大利南方的朋友和同學來說，媽媽永遠是心目中米其林5顆星主廚（米其林指南最高只有3顆星），如果他們誇獎你的料理和他媽媽的料理一樣美味時，對於他們來說，那就是最高的讚揚。

有 2,000 多年歷史的
西恩納山城 (Siena)
其老城中心區
1995 年
被聯合國
教科文組織
列為世界文化遺產
是義大利中部
著名的熱門景點

我想飲食文化除了是義大利人的日常，更是義大利人的驕傲！是打開話匣子的最佳方法，也是鬥嘴的最佳話題，如果想深入了解義大利文化，吃！絕對是最佳入徑之一。

雖然義大利人常常為了同一道料理，要加入哪一種番茄而爭論不休，不過對於我個人來說，不管是北義的帕米加諾起士奶油義大利麵，還是南義的橄欖油香蒜義大利麵都很美味。

記憶中，第一次吃到的「帕米加諾起士奶油義大利麵」，是「義大利麵疙瘩」Gnocchi 的版本，Gnocchi al Burro e Parmigiano / Gnocchi di patate, burro e parmigiano，可能是外帶的原因吧？吃完後完全沒有任何感覺和印象。

在義大利有些火腿香腸肉舖 / 醃肉舖 (Salumeria)，會有玻璃櫥櫃販售熟食，可以外帶，也可以現點現吃，有一點點像我們的自助餐便當，是許多當地人快速簡單解決午餐的地方。

第二次品嘗到「帕米加諾起士奶油義大利麵」，則是「筆管麵」的版本 Penne al burro e Parmigiano，那是在帕米加諾起士的產地，帕瑪小城鎮，當時為了趕時間，我們就在一家火腿香腸肉舖，買完帕米加諾起士和帕瑪火腿後，臨時決定在肉舖現場用完午餐再走，或許當下只

193

想著用完餐，趕接下一個行程，那一次的用餐經驗，我也沒有甚麼印象。

第三次，則是在托斯卡諾 (Toscano) 的西恩納山城 (Siena)，那次是無意間，漫無目的的晃到一條小巷，被一間不起眼的小餐館所吸引，想不到在那裏品嘗到 Pici 版本的「帕米加諾起士奶油義大利麵」Pici al burro e Parmigiano。雖然第三次還是沒機會品嘗到最經典的 Spaghetti 版本 Spaghetti al burro e Parmigiano，不過那一次的品嘗經驗，開始讓我對這道料理有印象深刻的感覺，雖然不是那種一吃後，馬上會讓人不由自主地發出驚嘆聲的料理，卻是那種可以撫慰人心，讓人自然放鬆，不由自主一口接一口的舒適美味。

那次經驗後，我在托斯卡諾的山中小鎮拉達·奇恩地 (Rada in Chianti)，和我最喜愛的小城鎮帕瑪，總算享用到 Spaghetti 版本的「帕米加諾起士奶油義大利麵」，對於那種簡易樸實的美味，深受啓迪和折服。

想想，每一次品嘗「帕米加諾起士奶油義大利麵」都不是刻意的追尋，過程中有失望也有讚嘆，發生讚嘆的地點，通常是那些名不見經傳的義大利小鎮；而發生失望的地點，通常是那些舉世聞名的義大利大城。

　　帕米加諾起士奶油義大利麵也有許多錯誤的版本，最常見的是以「鮮奶油」取代「奶油」，一般的「工廠帕馬森起司」取代傳統「帕米加諾起士」，還有加入其他一些香料食材，這些做法所呈現出的風味，和真正經典的帕米加諾起士奶油義大利麵所表現出的樸實美味有所不同！

　　帕米加諾起士奶油義大利麵的歷史悠久，早在 15 世紀的義大利名廚，瑪汀諾‧達‧高莫 (Martino da Como) 的著作，羅馬式義大利麵 (Roman pasta)，就有相關的紀載了。「帕米加諾起士奶油義大利麵」有很多版本，所有版本的做法都一樣，只是使用的義大利麵不同而已。

　　在眾多的帕米加諾起士奶油義大利麵中，以帕米加諾起士奶油寬扁麵 (Fettuccine Alfredo) 最具國際知名度，特別是在美國，幾乎是家喻戶曉，許多美國人都知道這道經典料理「帕米加諾起士奶油寬扁麵」，為什麼這道料理在美國如此知名呢？這要從兩位好萊塢影星說起。

　　話說，西元 1914 年，一位名為阿爾弗雷多‧迪‧萊里奧 (Alfredo Di Lelio) 的義大利人，在羅馬的 Via della Scrofa 大街上經營一家餐廳。

　　他的妻子伊內斯 (Ines) 懷有第二個孩子，因為懷孕的關係，使她出現噁心和反胃的現象，

對食物毫無胃口。

　　阿爾弗雷多 (Alfredo) 於是將義大利寬扁麵、奶油和帕米加諾起士攪拌一起，料理出容易入口，樸實又美味的帕米加諾起士奶油寬扁麵。之後阿爾弗雷多還將這道樸實的美味列入他的餐廳菜單中。

　　1920 年，兩位美國著名的電影演員：道格拉斯·費爾班克斯 (Douglas Fairbanks) 和瑪麗·皮克福德 (Mary Pickford) 在羅馬度蜜月，並在阿爾弗雷多的餐廳品嘗到帕米加諾起士奶油寬扁麵。他們夫妻非常喜愛這道料理，並向阿爾弗雷多請求這道料理的做法，並將這道經典料理的做法帶回美國。

　　回到美國後，這對好萊塢影星，為了答謝阿爾弗雷多，便挑選一些精緻的餐具回送給阿爾弗雷多，並附上兩人的照片。他們夫妻，還將餐具中鍍金的叉子和鍍金的湯匙，刻上「義大利麵之王·阿爾弗雷多 to Alfredo the King of the noodles」。

　　之後好萊塢的記者開始報導這個浪漫的蜜月故事，從此，阿爾弗雷多的義大麵，開始在好萊塢影視圈流傳開來。後來阿爾弗雷多的帕米加諾起士奶油寬扁麵，竟然變成好萊塢影星到義大利

真正的阿爾弗雷多
Il Vero Alfredo 餐廳
圖片擷取自
Il Vero Alfredo 官網

必嘗的美食,這樣阿爾弗雷多餐廳的名氣就越來越大,在當下成為羅馬的熱門旅遊勝地。

1943 年,阿爾弗雷多將 Alfredo alla Scrofa 餐廳賣給了新主人,新主人不但保留餐廳的名稱 Alfredo alla Scrofa,還保留餐廳的一切原始面貌,包含裝潢、菜單和所有大牌好萊塢影星,以及名人的照片都保留在牆上。

到了 1950 年,阿爾弗雷多和他的兒子阿曼多 (Armando),在羅馬開設了另一家餐廳,名為「真正的阿爾弗雷多 Il Vero Alfredo」,現在兩家餐廳都聲稱是帕米加諾起士奶油寬扁麵創始店。

「Alfredo alla Scrofa」餐廳聲稱,他們才是那些大量大牌好萊塢影星以及名人朝聖過的餐廳。「真正的阿爾弗雷多 Il Vero Alfredo」餐廳則聲稱,他們才是「帕米加諾起士奶油寬扁麵」創始人所開的餐廳。

這兩家餐廳的距離不遠,走路大約只有 5 到 8 分鐘,到底哪一家比較美味,這就要等各位親自品嘗後,才能知道答案了。

掛滿大牌
好萊塢影星
以及名人照片的
Alfredo alla Scrofa
圖擷取自官網

羅馬豬頸培根義大利麵
Spaghetti alla Carbonara
是一道
我非常喜愛的
義大利經典料理

一道被世界誤解的
義大利經典料理

Piatti Tipici Italiani

傳統的羅馬手工豬頸培根義大利麵Spaghetti alla Carbonara 的起源和歷史有很多說法和傳說，這樣的狀況似乎是每一道經典料理的宿命。

相傳這道料理是起源於羅馬附近的煤礦區，在早期礦工進入煤礦區時，他們通常會攜帶一些家常食材在礦區中料理，例如，當時在羅馬最常見的起士，羅馬綿羊起士 (Pecorino Romano) 和油脂非常豐富的豬頸培根、義大利麵，以及新鮮雞蛋是這些礦工最常攜帶的家常食材。而在礦區中料理常會有煤灰落到食物的表面上，到後來演變為，為了模仿在礦區料理的情景，就會在羅馬手工豬頸培根義大利麵上撒一些黑胡椒。

羅馬豬頸培根義大利麵是一道我非常喜愛的義大利經典料理，使用的食材非常簡單，料理的手法也不繁複，但是需要一些耐心和基本的烹飪技巧。

認識這道料理的時間已經很長遠了，我想應該有 30 多年的時間了，雖然前 20 年是錯誤而美麗的相識，不過現在的我，可以很清楚的理解甚

羅馬豬頸培根義大利麵
的發源地，羅馬

義大利豬頸培根 Guanciale

這一盤就是
我第一次見到的
真正的
羅馬豬頸培根義大利麵

麼才是真正的羅馬豬頸培根義大利麵。

　　說起多年前，第一次和真正的羅馬豬頸培根義大利面相遇的場景，那是在一家位於那布勒斯小鎮上的傳統比薩店，而這家傳統的比薩店是小鎮上最負盛名的一家餐廳，餐廳的主廚也是我在那不勒斯學習義大利傳統比薩的老師。

　　當我第一次和羅馬豬頸培根義大利麵見面時，真的很難想像眼前的這盤麵會是羅馬豬頸培根義大利麵。因為在此之前，我一直以為羅馬豬頸培根義大利麵，聞起來會有濃郁的奶油香氣，並帶有綿密的蛋黃加上鮮奶油調製的醬汁，而眼前這盤麵，卻顛覆了我對羅馬豬頸培根義大利麵的認識。醬汁非常稀少而且呈現顆粒狀，濃郁的起士香氣取代了奶油香，而美式培根則變成焦脆的豬頸培根，這樣的場景讓我一度懷疑我的老師只會做比薩，而不會其他義大利料理，現在回想起來真的很慚愧。

　　真正的傳統羅馬豬頸培根義大利麵，是完全不添加任何奶油的，這道麵的奶香味是來自於大量的義大利羅馬綿羊起士，和奶油一點關係都沒有，而且用的是豬頸培根 (Guanciale) 和打發到綿密狀的全蛋，而不是一般的美式培根和蛋黃。

　　記得好幾年前在義大利學習義大利傳統料

綿羊起士
(Pecorino cheese)

理時，我們老師一直喃喃自語：他一直搞不懂，為什麼羅馬豬頸培根義大利麵的做法，離開義大利後就會變得完全不一樣。為什麼其他國家一定都要加奶油，而不是綿羊起士 (Pecorino cheese)，這些和傳統做法完全不一樣的假羅馬豬頸培根義大利麵，根本就不能叫 Carbonara。

在台灣的義大利餐廳很容易找到羅馬豬頸培根義大利麵的蹤跡，但是絕大部分的餐廳通常會以鮮奶油（或白醬）和蛋黃做成醬汁，再加上美式培根及 Spaghetti，這樣的料理手法和真正的經典羅馬豬頸培根義大利麵相差甚遠。

很遺憾的是，這樣的情況在義大利並沒有比較好，有時反而更糟糕；以我在義大利的經驗，要在義大利的大城市吃到真正傳統的羅馬豬頸培根義大利麵也是一件不容易的任務，就連在發源地羅馬也變的非常少見。很多義大利當地的餐廳都變得非常觀光化，他們為了降低成本，不僅以鮮奶油替代綿羊起士，有些餐廳還會以更低價的奶粉取代綿羊起士。當觀光客在義大利品嘗到這些觀光化的料理時，就會更深化他們的錯誤認識，認為羅馬豬頸培根義大利麵是使用鮮奶油或奶粉而不是綿羊起士。

如果想要品嘗真正阿嬤級的羅馬豬頸培根義大利麵，建議您到義大利中部的一些小鎮，會更

義大利培根
(Pancetta)

有機會品嘗到傳統的羅馬豬頸培根義大利麵。

　　義大利培根 Pancetta。義大利人如果突然想煮羅馬豬頸培根義大利麵，但臨時找不到羅馬豬頸培根，也會以義大利培根替代。

羅馬豬頸培根義大利麵
Spaghetti alla Carbonara

食材

1. Spaghetti 義大利麵：90g

2. Guanciale 義式豬頸培根：150g

3. Pecorino Romano 羅馬綿羊起士粉：

40g(平分兩份)

4. 全蛋：1 顆

5. 鹽、黑胡椒：適量

作法

1. 先準備一鍋熱水，加入鹽巴煮義大利麵，
烹煮時間請參考各廠牌的包裝說明。

2. 將義式豬頸培根切成丁狀。

3. 將全蛋打發至綿密狀，
再加入羅馬綿羊起士粉拌勻備用。

4. 加入橄欖油熱鍋後，以小火油煎豬面頰肉至
焦脆便離火。

5. 將煮好的義大利麵瀝乾。

6. 將做法 5 倒入作法 3 拌勻完成。

7. 倒入盤中，撒上黑胡椒，即可享用。

Manzo invecchiato

Lastra a Signa, Toscano

10.

熟成

熟成牛為什麼比一般牛還美味？

是乾式熟成美味？還是濕式熟成好吃？

歐洲一家專賣熟成牛的
牛排館中的熟成櫃

熟成牛
爲什麼比一般牛還美味？

Il sapore degli anni

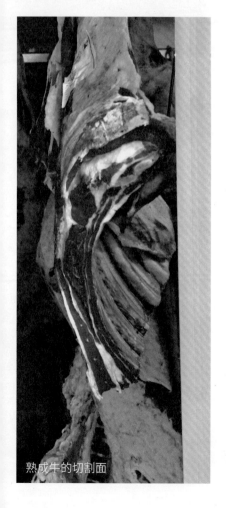

熟成牛的切割面

甚麼是熟成牛？
甚麼是乾式熟成？什麼是濕式熟成？
熟成牛和一般的牛排有甚麼區別？
為什麼熟成牛比較貴？
熟成牛真的比較好吃？

這一連串的問題是我們在餐廳中很容易被詢問的問題。

甚麼是熟成牛？簡單的說，熟成牛是指利用牛肉本身的天然酵素、空氣中的天然酵素、蛋白酵素、及外在的微生物作用，讓牛肉的膠原組織及肌肉纖維慢慢分解，經過這些作用牛肉會自然軟化，使得牛肉「更有嫩度」。這也是世上最高貴的雞，法國布列斯雞閹雞 (Chapon de Bresse) 為什麼要用布封熟成的原因之一；加上牛肉的蛋白質降解、分泌酵素，使得牛肉開始發展出特有的香醇風味，如此增加口感的層次和豐富性。另外，乾式熟成因為水分的流失，讓牛肉

百年肉舖的熟成室

對於許多義大利人來說
他們製作火腿已經有
二千多年的歷史了
說起熟成肉的發源
他們應該遠遠比起美國人早

的「風味更為濃郁」，這也是歐洲的火腿，經過長時間熟成，風味更為濃郁的原因之一。牛肉纖維組織的崩解，也會使得牛肉本身的水分和油脂慢慢滲透融入肌肉組織當中，因此熟成過的牛肉會比未熟成的牛肉「更多汁」、「更香甜」，這也是為什麼熟成的牛肉喜歡挑選油脂較多且分布均勻的部位。

更為直接地說，熟成牛經過牛肉本身的天然酵素、蛋白酵素、及外在的微生物作用，讓熟成牛比一般牛「更有嫩度」、「風味更為濃郁」、「更多汁」、「更香甜」。

其實熟成的手法，並不只是運用在牛肉。熟成技巧適用於大部分肉類，甚至海鮮，但是會依照不同種類，大小而去調整熟成的時間、溫度、濕度，以及手法；例如熟成鴨胸或野禽類的胸部，考慮到尺寸比一般熟成牛還小，除了熟成時間減少，溫度會調整外，我喜歡將整隻鴨去除其他部位，只剩骨架和鴨胸，連帶骨架和鴨胸一起熟成，如此和單獨鴨胸熟成相比，不僅僅增加鴨胸的鮮嫩度和風味，也讓鴨胸更為多汁和風味更具層次性。

如果有義大利肉舖主人問你，熟成牛肉是哪一個國家發明的，千萬別回答是美國，那個答案就像是義大利麵是源自於中國一樣，會讓許多義

大利人無法接受。而且這個話題，有時會演變成沒完沒了的其他話題，如果你只是想找個話題和義大利人消磨時間，或許可以考慮。

對義大利人來說，熟成肉在義大利已經有非常久遠的歷史了，早在十七世紀，甚至更早就有了。對於他們來說，製作火腿已經有二千多年的歷史了，像是義大利最著名的火腿─帕馬火腿(Prosciutto di Parma)，在公元前五世紀就有文獻記載了，義大利人會告訴你說，那時候美國還沒有誕生呢！

據義大利朋友說，在前幾個世紀，位於義大利北部的貴族，會用大牛包覆小牛或大豬包覆乳豬，並放置於山區的山洞進行熟成。經過熟成後，只取小牛或乳豬食用，聽說味道非常鮮美，柔嫩而多汁，是貴族在節慶中享用的佳餚。

想起多年前，為了更深入了解熟成的技法，經由一位義大利朋友介紹，並帶領我們去拜訪一家位於托斯卡諾(Toscano)小鎮的百年肉舖（1890年創立），向肉舖的主人學習如何熟成各種肉類。肉舖的主人是第四代的年輕傳人，這家肉舖的熟成肉，品質非常好，加上又是百年老店，所以在當地頗有名氣。

小舖裝潢樸實，店面空間不大，剛剛踏入這

家肉舖時，其實有點小小的失望。雖然人流不斷，但是從肉舖的外觀完全沒有百年肉舖的感覺，光線非常明亮，擺設也非常簡單，外表的店面空間不大，但是穿過一般賓客禁入的禁區後，就別有洞天了。

處理肉品的空間非常大，熟成空間分成好幾個區，每種肉類都設專有的熟成區域，每個區的溫度、濕度、風速都有所不同。

在學習前，肉舖主人一再強調，他從來沒有教過家族以外的人如何熟成肉類，是我義大利朋友的關係才願意教我們，希望我們不要將這些技術外傳。在學習的過程中，肉舖主人的媽媽一直來回向肉舖主人抱怨多次，我的義大利朋友也面帶尷尬，而我們則是疑惑滿臉，為了不影響我們的學習，肉舖主人在過程中，總是面帶笑容和我們繼續討論說明。

上完課才得知，肉舖主人的媽媽，非常擔心肉舖主人，將他們家族累積百年的經驗和技藝流傳出去。但是肉舖的主人卻一直告訴他媽媽，他已經答應我們了，而且我們來自台灣，不會影響到他們家族的生意。

當下得知後，我們一直向肉舖主人媽媽，鞠躬道歉並感謝，最後肉舖主人媽媽總算轉為笑

輕熟成後的豬肉
更為鮮嫩多汁

容。現在想起來，還是覺得對肉舖主人媽媽感到
很抱歉，她的擔憂其實我們非常理解，也能感同
身受，也非常感謝肉舖主人將家族累積百年的經
驗和技藝傳授給我們，那次的學習讓我對於熟成
的技巧更為深入。

經由多年的學習、參訪和不斷的研究與實
作，我們也焠鍊出特有的熟成技巧和風格。對於
我個人來說，雖然沒有一種單一的技巧可以運用
在所有的肉類，倒是有一些通用法則，例如：溫
度越低，越能保留清新的風味，溫度越高越容易
產生醇厚風味；通常紅肉會比白肉更需要熟成和

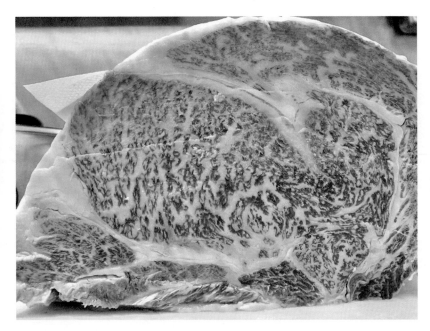

日本和牛沙朗 A5/M12 等級
含有大量油脂
口感非常柔嫩
入口即化
不適合長時間熟成

可以承受更長時間熟成，就像牛肉比豬肉需要更長的時間熟成才能改善其風味，鴨胸也比雞胸更需要熟成來提升其軟嫩度；油脂較多且均勻的部位熟成後會比油脂較少的部位，更可以感受提升後的軟嫩度和多汁性。

　　這幾年來，日本和牛在台灣非常風行，但是 A5 等級的日本和牛並不是所有部位都適合熟成。通常適合熟成的部位是指那些赤身部位，至於那些含有大量油脂，口感非常柔嫩，入口即化的部位並不適合長時間熟成。例如和牛沙朗、菲力、紐約客，這些 A5 的部位本身已經非常柔嫩多汁，

幾乎是入口即化。而熟成的主要作用是提升肉類的柔嫩度和多汁性，對這些幾乎已經達到極致的柔嫩多汁的肉品，熟成所引起的加分作用似乎是微乎其微。

熟成另一個作用是提升肉類的風味，加強品嘗時的醇厚度，但是這個作用在 A5 產生變化時，卻會降低日本和牛特有的清新誘人風味，那種帶點椰香的獨特甜味。簡單的說，熟成 A5 等級的日本和牛（上肉部位），不但無法提升風味的品質，反而降低其優點和獨特性。

有很多人認為，熟成肉類很簡單，只要把肉類放置在零到負 5°C 的環境就可以了。事實上要熟成一塊高品質又具特色的肉類，所要注意的微小細節非常龐雜，並需要大量的耐心等候，有時好不容易花費 100 多天的照料和等待，卻在最後的 1~2 天搞砸。如此可以想像要付出非常多的時間與心血，並要時常去觀看調整呵護，就像照顧小嬰兒一般。以兩塊大小一樣，重量一樣，油脂分佈非常相似的肉類，放置在溼度一樣，但是溫度只相差 1°C 的環境中，經過長時間熟成，最後的成品，兩者的風味一定會有很大的不同。

經過熟成後的牛肉
顏色會越來深

　　對於我個人來說，一塊具有個人風格的高品
質熟成肉，必須經過歲月的淬鍊，加上獨特的工
藝，才能造就出柔嫩多汁，風味具有多層的獨特
香氣。享用時，令人非常愉悅，是一種會令人回
味再三的熟成味！

如果
有義大利肉舖主人問你
熟成牛肉是哪一個國家發明的
千萬別回答是美國
那個答案就像是
義大利麵源自於中國一樣
會讓許多義大利人無法接受

是乾式熟成美味？
還是濕式熟成好吃？

Vale la pena aspettare

　　一般美式的熟成可分為乾式熟成、濕式熟成兩大類。對於我來說，熟成肉品，其實很像在釀製葡萄酒一般，亦或像照顧嬰兒一樣，必須付出很多時間和愛心，才有機會熟成出風味出眾的肉類。

　　對於專業又考究的熟成廚師來說，乾式熟成和濕式熟成又可以細分出多種手法，例如：利用滲透壓的手法，增加風味的濃郁度，但是這會提高內部肉質過於乾柴的機率；或者包覆油脂或香料以增加風味的層次性，但是這會有增加雜菌的風險，提高腐敗的機會，降低風味的濃郁度。

　　所以熟成的技法，對於一位專業的熟成廚師來說，絕對不只是把一塊肉丟到熟成冰箱，然後等時間到了就完成了。熟成肉類的過程中，有許多面向需要注意，除了要考慮到熟成的 5 大要素：種類、體積、時間、溫度、濕度，還有非常多的細節必須考量。

使用義大利西北部
皮埃蒙特牛 (Piedmontese beef)
熟成的牛排
風味鮮嫩多汁

是乾式熟成美味？還是濕式熟成好吃？要探
討這個問題之前，首先要了解甚麼是熟成？建議
朋友可以先閱讀本書的前一篇文章，「熟成牛為
什麼比一般牛還美味？」對於我來說，乾式熟成、
濕式熟成，哪一個比較美味呢？這是一個很個人
化口味的問題，有人就喜歡乾式的香醇厚實風
味，有人就偏好濕式的風味適中。

這是一家
現選現料理的
熟成牛餐廳

甚麼是乾式熟成？簡單的說，乾式熟成是指
將肉類置於相對濕度50%~85%，和0°~負5°C
的環境中，利用肉類本身的天然酵素、蛋白酵
素、及外在的微生物作用，讓牛肉的膠原組織及
肌肉纖維慢慢分解。經過這些作用，牛肉會自然
軟化，使得牛肉「更有嫩度」；加上牛肉的蛋白
質降解、分泌酵素，使得牛肉開始發展出特有的
香醇風味，如此增加口感的層次和豐富性。

另外,乾式熟成也會因為水分的流失,達到風味濃縮的效果,讓肉類的「風味更為濃郁」,牛肉纖維組織的崩解,也會使牛肉本身的水分和油脂慢慢滲透融入肌肉組織當中。因此乾式熟成過的牛肉會比未熟成的牛肉「更多汁」、「更香甜」,這也是為什麼乾式熟成的牛肉喜歡選用油脂較多且分布均勻部位的原因之一。

雖然乾式熟成的好處多多,但是經過歲月的淬鍊,肉類的表面水分會慢慢流失,使表皮形成一層乾硬的保護層。這層保護層雖然保護了內部的肉類,卻因為非常乾硬而無法食用,理論上,大約會有 20% 至 30% 的折損率,有時甚至會更多,這是依照熟成的時間、溫度、濕度以及技法,而有所不同。這也是為什麼乾式熟成的肉品會比一般的肉品,昂貴許多的原因。

濕式熟成是指肉類放在真空袋內,並置於 0°C~ 負 5°C 的環境中進行熟成。濕式熟成因為置於真空袋內,所以並不會有表皮風乾的問題,也就不會有因為風乾而產生折損率的問題,但是一樣會產生蛋白質降解、分泌酵素,發展出特有的香醇風味。

其實高品質的長時間濕式熟成,並不像一般人所想像的,只要真空後放置在適當的溫度,就不用去看護它。如果不去細心的照顧,最後的結

可以控制溫度和濕度的
熟成冰箱
通常熟成牛肉會控制環境
在相對濕度 50%~85%
和 0°~ 負 5°C 的範圍內

果通常令人感到失望，會容易產生令人不舒服的
鉀味、銅鏽味，以及過度發酵的味道。

　　正確的濕式熟成是必須細心觀察，尤其是剛
開始的前幾日，要注意是否需要放血，更換真空
袋，如此才能減少產生令人不舒服的風味，增加
肉類的柔嫩度和多汁的口感。

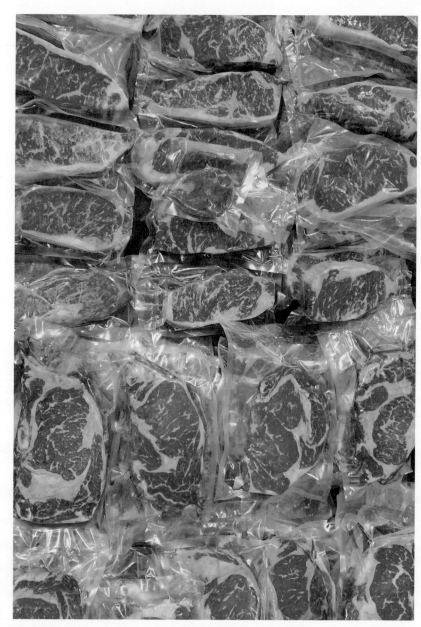

濕式熟成的
最後一階段熟成
分切之後再次熟成

拆封後的濕式熟成

濕式熟成的肉類在剛開始時，容易浸泡在發酵的血水中，因而產生令人不舒服的風味。所以後來又演變出乾式和濕式兩種的混合手法。這是擷取濕式，乾式熟成兩種熟成的優點，降低兩種熟成的缺點，當然這和單一種的熟成技法又有所不同。

不管是乾式熟成還是濕式熟成，都是利用肉類本身的天然酵素進行熟成，因而增添風味、提升嫩度與含汁性；不過乾式熟成的風味，通常比濕式熟成的香氣來的強烈許多，風味也更具層次而多變，加上乾式熟成所產生的折損率，讓乾式熟成的價位遠比濕式熟成高出許多，但因為濕式熟成的香氣更為清爽，也擁有許多愛好者。

至於是乾式熟成美味？還是濕式熟成好吃？每個人喜好不同，有人越濃郁越喜歡，有人則喜歡風味適中，這就要等各位自己試過，再來決定了。

後記

　　幾年來，為了尋找義大利的傳奇食材和學習義大利的傳統料理，每年都會花費大量時間拜訪義大利，不管是偏僻的山中小鎮，還是幾乎杳無人跡的鄉村部落，都曾有過我們的足跡。每到一個地區，我總喜歡與製作傳統食材的主人深入探討當地的飲食文化，感受這群擁有傳統工藝的工匠，對於傳統文化深厚的情感和熱情。

　　一組 DOP 義大利傳統釀造香醋，需要經過 25 年的細心照料，過程就像呵護一位小孩，從嬰兒到大學畢業，但是最後只能獲得 10 瓶 100cc，每瓶價值新台幣 $6500~12000 的傳統香醋，如果純粹以商業經營的角度來看，這是一門虧錢的生意。

　　曾經有一位義大利老伯伯告訴我，保留義大利的傳統工藝，依靠的絕對不是金錢或熱情，因為在這個傳統領域並無法賺大錢，而熱情終有一天會燃燒殆盡，他們依靠的是一種使命感，一種捍衛傳統文化的強烈使命感！

　　不管是義大利的傳統飲食文化，還是孕育我長大的傳統台灣文化，都是我生命中不可或缺和引以為傲的文化。

　　對於義大利的餐飲文化越深入了解，我就會花越多的時間思考，義大利有一群以捍衛傳統飲食文化，阻擋傳統道德觀流失的義大利人。台灣雖然一直擁有敬天重德，並以儒、釋、道貫穿的傳統文化，但是我們和義大利一樣面臨著不斷流失傳統文化的窘境，那我們要如何才能復興我們的傳統文化，如何才能喚醒，深藏在我們體內那顆的敬天重德的心。

　　我相信在台灣許多角落，都有一群為了復興我們的傳統文化，無怨無悔默默付出的人，但是傳統文化流失的速度依然遠遠超越復興傳統文化的速度。話雖如此，如果我們每一個人對於傳統文化有進一步的支持，那怕只是進場觀看一場真正的傳統文藝演出，或是觀看一場學院派的畫展，或是僅僅打從內心更認同台灣的傳統文化，我相信有一天復興傳統文化的速度，必定能遠遠超越傳統文化流失的速度。

餐桌上的旅行家——
向義大利傳奇美味致敬

作者：Alex Lu
編輯：黃蘭亭 楊光欣
封面設計、美術編輯：林彩綺
攝影：Alex Lu

出版：博大國際文化有限公司
電話：886-2-2769-0599
網址：http://www.broadpressinc.com

台灣經銷商：采舍國際通路
地址：新北市中和區中山路 2 段 366 巷 10 號 3 樓
電話：886-2-82458786
傳真：886-2-82458718
華文網網路書店：http://www.book4u.com.tw
新絲路網路書店：http://www.silkbook.com

規格：17cm ×21cm
國際書號：ISBN 978-986-97774-3-8(平裝)
定價：新台幣 480 元
出版日期：2021 年 4 月

國家圖書館出版品預行編目 (CIP) 資料

餐桌上的旅行家：向義大利傳奇美味致敬 / Alex Lu 著.
-- 臺北市：博大國際文化有限公司 , 2021.04
　　面；　　公分
ISBN 978-986-97774-3-8(平裝)

1. 飲食風俗 2. 文化 3. 義大利

538.7845　　　　　　　　　　　　110005666